Historisch-Etymologisches Lexikon
der Salzburger Ortsnamen (HELSON)

Historisch-Etymologisches Lexikon der Salzburger Ortsnamen (HELSON)

unter der Patronanz der Salzburger Ortsnamenkommission (SONK)
herausgegeben von THOMAS LINDNER

Band 2 – INGO REIFFENSTEIN: Tennengau
33. Ergänzungsband der Mitteilungen der Gesellschaft für Salzburger Landeskunde

INGO REIFFENSTEIN

Historisch-Etymologisches Lexikon der Salzburger Ortsnamen (HELSON)

Band 2 – Tennengau

EDITION
TANDEM

Ingo Reiffenstein

Historisch-Etymologisches Lexikon der Salzburger Ortsnamen (HELSON)
Band 2 – Tennengau

Titelbild: Urbar 375, Salzburger Landesarchiv (SLA)
Gestaltung: Volker Toth
Karte Tennengau: Werner Hölzl
Druck: Buch.Bücher Theiss, St. Stefan

ISBN 978-3-902932-74-7

INHALTSVERZEICHNIS

EINLEITUNG

Was in der Einleitung zum 1. Band des HELSON (Stadt Salzburg und Flachgau, S. VIIff.) über die Bildung der Ortsnamen, über grammatische und lauthistorische Voraussetzungen, über dialektale Veränderungen und über Eigentümlichkeiten der Verschriftung gesagt wurde, gilt im Prinzip auch für die Namenlandschaften des Tennengaues. Zwar gibt es selbstverständlich auch im Salzburger Norden (Flach- und Tennengau) **Dialektunterschiede** (besonders deutlich hörbar in der Abtenau), in der Grundstruktur ist das Voralpenland nördlich der Kalkalpenbarriere vom Dachstein über das Tennengebirge bis zu den Berchtesgadener Alpen aber doch eine relativ einheitliche mittelbairische Dialektlandschaft. Vor allem im Gegensatz zu den konservativeren Dialekten der Gebirgsgaue kommt das deutlich zum Ausdruck.

Die **Ortsnamenlandschaft** südlich einer Linie von Salzburg – Fuschl – St. Gilgen unterscheidet sich hingegen sehr deutlich von der des Flachgaues nördlich dieser Linie. Die Ortsnamen des **Flachgaues** (gemeinsam mit denen des altsalzburgischen Rupertiwinkels [Laufen – Teisendorf – Tittmoning]) erweisen durch mehrere Kriterien eine sehr frühe bairische Siedlung seit jedenfalls dem 7. Jh. Zeugnisse dafür sind vor allem die vielen alten *-ing*-Ableitungen von bairischen Personennamen (von *Anthering, Eching, Pabing* usw. bis *Trainting* und *Wendling*; Verzeichnis der über 90 *-ing*-ON im HELSON 1, 184f.), ferner die Verwendung von alten Grundwörtern wie *wang/weng* 'Wiese, Leite' (z.B. in *Hallwang, Pinswag, Weng* u.a.), *bûrî* 'Haus' (*Dorf-, Michael-Beuern*), *sel* 'Haus' (*Söllheim, Gumersil*) oder *biburg* 'Umwallung' (*Biburg* bei Laufen und bei Waging; REIFFENSTEIN 2007, 123), die noch während oder bald nach der ahd. Zeit (8.-11. Jh.) für die Bildung neuer Namen nicht mehr verwendet wurden, weil sie aus dem lebenden Wortschatz ausschieden (vgl. HELSON 1, 187f.). Auch die über 30 Ortsnamen auf *-heim* 'Wohnsitz, Heimstatt' (*Baierham, Bergheim, Riedlkam, Siezenheim* usw.) entstanden überwiegend in der Frühzeit der bairischen Siedlung. Dazu kommen früh eingedeutschte romanische Dorfnamen wie *Morzg* und *Grödig* und die romanisch-bairischen Mischnamen wie *Eugendorf, Köstendorf, Irrsdorf* und mit *Liefering* sogar ein alter bairischer *-ing*-Ortsname mit einem romanischen Personennamen, Zeugnisse bairischer Siedlungen unter der Patronanz römischer/romanischer Grundherren. Insgesamt ergibt das das Bild einer bairischen Erschließung und Namengebung bald nach der Landnahme, z.T. in Kooperation mit verbliebenen romanischen Grundherren (siehe dazu die einschlägigen ON-Artikel in HELSON 1).

Im **Tennengau** (und schon in den historischen Waldgebieten des Flachgaues östlich von Salzburg [Koppl, Ebenau, Hof, Fuschl, Faistenau, Hintersee; St. Gilgen, Strobl]) wurde die Kulturlandschaft maßgeblich „durch das gewaltige Siedlungswerk des Hochmittelalters" (DOPSCH/SPATZENEGGER 1, 348ff.) des 11.-13. Jhs. geprägt und vorwiegend durch Rodung für die landwirtschaftliche Nutzung erschlossen. Dominierender Siedlungstyp ist hier der Einzelhof in Streusiedlung mit wenigen und oft jüngeren Dörfern. Das schlägt sich auch deutlich in der Gemeindestruktur nieder: den 39 z.T. kleinen Gemeinden des Flachgaues (inklusive der Stadt Salzburg) stehen im Tennengau nur 13, flächenmäßig z.T. sehr große Gemeinden gegenüber, von denen fünf erst im 19./20. Jh. als eigene Gemeinden eingerichtet wurden (Krispl und St. Koloman, herausgelöst aus Kuchl, Scheffau, herausgelöst aus Golling, und Annaberg und Rußbach, herausgelöst aus der großen Gemeinde Abtenau, die selbst nicht über das 12. Jh. zurückgeht). Auch die einzige Stadt des Bezirkes, die Bezirkshauptstadt Hallein, ist erst im 13. Jh. im Zusammenhang mit der Wiederbelebung des Salzbergbaus auf dem Dürrnberg entstanden.

Zwei sehr früh eingedeutschte romanische Ortsnamen gibt es immerhin auch im Tennengau (→ *Adnet, Kuchl* im Salzachtal, mit Durchführung der sog. 2. [ahd.] Lautverschiebung *d > t, k > (k)ch* [ca. 7./8. Jh.]). Für die weit größere Zahl romanischer Namen im Tennengau lässt sich hingegen auf Grund ihrer heutigen Aussprache sagen, dass ihre Eindeutschung nicht vor dem 11. Jh. erfolgte. Das wichtigste Kriterium dafür ist die Tatsache, dass diese Namen den Wortakzent auf der letzten Silbe tragen. In allen alten germanischen Sprachen lag die Wortbetonung auf der 1. Silbe (Stammsilbe). Diesem Betonungsmuster wurden auch Entlehnungen aus anderen Sprachen unterworfen (vgl. im Deutschen z.B. *Müll(n)er, Münze, Pilger* usw. < lat. *molinárius, monéta, peregrínus* usw.). Auch die beiden früh eingedeutschten Ortsnamen *Adnet* und *Kuchl* folgen diesem Muster (**Adanáde > Átanate* 'Ádnet', *Cucúllis > Chúchil* 'Kuchl'). Bei Eindeutschungen nach ca. 1000 unterblieb diese Verschiebung des Akzents auf die 1. Silbe; es blieb das ursprüngliche (in unserem Fall das lateinische) Betonungsmuster erhalten, so in den Tennengauer Ortsnamen → *Alpígl, Garnéi, Gugelán, Ramáigraben, Torrén, Vigáun* (vgl. dagegen die früher eingedeutschten ON *Múntigl* bei Bergheim aus lat. *montículus*, HELSON 1, 85f. und *Morzg* bei Salzburg, 798-814 *Marciago*, 1139 *Mórzig < Martiácum*, HELSON 1, 83). Diese Ortsnamen belegen eindeutig, dass im Salzachtal zwischen der Stadt Salzburg und dem Pass Lueg die romanische Sprache neben dem Bairischen auch nach dem Ende der römischen Herrschaft mehrere Jahrhunderte lang weiterlebte und jedenfalls bis ins 11. Jh. gesprochen wurde. Die Tatsache, dass die Namen größerer Ortschaften früh eingedeutscht wurden (neben *Adnet* und *Kuchl* südlich von Salzburg noch *Anif* und *Morzg*, HELSON 1, 7f.; 83), während die Namen kleinerer Siedlungen durch die Endbetonung und durch einige konsonantische Merkmale das längere Weiterleben der romanischen Sprache bezeugen (neben den genannten Tennengauer Namen noch *Fuschl, Gfalls, Gizóll, Gois, Gnigl, Lidáun*, HELSON 1, 12, 36f., 39f., 75), ist sicher dadurch zu erklären, dass der Sprachgebrauch sozial gestaffelt war: während in den größeren Orten das Bairische (Deutsche) schon früh als die Sprache der neuen Herren dominierte, lebte auf dem „flachen Land", in der bäuerlichen Bevölkerung, noch lange das **Romanische** weiter. Vor allem das Almwesen lag offenbar fest in den Händen romanischer Fachleute (zu den romanischen Namen der → *Gugelan*- und *Alpigl*alm kommt noch der → *Ramai*graben im Tauglboden, die → *Zisterbergalm* in der hintersten Gaißau und die *Genneralm* in Hintersee, HELSON 1, 35, hinzu). K. FINSTERWALDER (1990-1995,

833ff.) hat schon 1954 dieses Nebeneinander von Ortsnamen größerer Siedlungen mit Initialakzent und von Namen kleinerer Siedlungen mit romanischem Akzentmuster auch für das tirolische Oberinntal (Gegend um Imst) beschrieben und soziolinguistisch erklärt. Ähnliche Verhältnisse sind an der Nordabdachung der Alpen vom Werdenfelser Land (Wallgau – Partenkirchen) und dem tirolischen Unterinntal über den südlichen Chiemgau bis ins Salzburger Becken immer wieder nachzuweisen (Reiffenstein 2003, 2896f.). Auch einige konsonantische Substituierungen in Tennengauer Namen sind nicht vor dem 8./9. Jh. erfolgt, so die von lat. *c* durch ahd. *g* in lat. *campus* > → *Gamp, Cuculana* > → *Gugelan, vicone* > *Figûn* → 'Vigaun' und die von lat. *v-* durch *f* in *vicóne* > *Figûn* → 'Vigaun', **riba* (*riva*) > → *Rif, Lagúsculus* > **Lavúsculo* > *Fuschl* (HELSON 1, 32). Bei früher Eindeutschung wurde *c (k)* durch die Lautverschiebung erfasst (> *(k)ch*) und lat. *v* durch ahd. *w-* substituiert (lat. **vallarium* > *Waller(see)*, HELSON 1, 134f., *villa* > *Weil*(dorf) bei Teisendorf, Bayern, die *Walchen*-ON [*See-, Straßwalchen*]).

In dieses Bild passt auch, dass es südlich von Salzburg (→ *Wals*) keine *Walchen*-ON mehr gibt. Wo die kumulative Ansiedlung von Romanen nicht mehr Normalität war, sondern als Ausnahme wahrgenommen wurde, war das durch die Aufnahme der Walchen in den Ortsnamen auch „nennenswert". Zwischen Salzburg und dem Pass Lueg war zu der Zeit, als das Gebiet durch bairische Siedler erschlossen wurde, die Präsenz von Romanen offenbar so allgemein und offenkundig, dass kein Anlass bestand, diese Tatsache als Besonderheit in den Ortsnamen hervorzuheben.

Dass die bairischen Siedlungen im Salzachtal südlich von Salzburg markant später angelegt wurden als die im Flachgau nördlich von Salzburg, ist an den Ortsnamen auch daran ablesbar, dass die typischen Bildungsmuster der bairischen Frühzeit hier fehlen: es gibt, in sehr deutlichem Gegensatz zum Flachgau mit fast 100 *-ing*-ON, südlich von *Itzling, Liefering, Ainring* und *Piding* keine alten *-ing*-Ableitungen (→ *Golling* und → *Wieting* bei Hallein sind keine Ausnahmen), südlich von *Siezenheim* und *Bergheim* keine Zusammensetzungen mit den alten Grundwörtern *-heim, -wang/-weng* (nur eine Rotte → *Wenger* in der G Kuchl), kein *-ach* 'Fließgewässer' (außer der *Salzach*); entsprechend selten sind auch Zusammensetzungen mit alten Personennamen, aber immerhin fehlen sie nicht ganz (*Appo* in → *Abtenau, Anzo* in → *Anzenau,* → *Anzerberg, Pabo* in → *Barmsteine,*→ *Baumhofen, Kuono* in → *Kainau*). Dass einige dieser mit Personennamen gebildeten Ortsnamen immerhin relativ alt sind, ist der Tatsache zu entnehmen, dass die Gen.-Endung *-în* der schwachen Maskulina (vgl. dazu HELSON 1, XVI) Sekundärumlaut des *-a-* > *-ä-* (im Dialekt [a]) bewirkt hat, so in *Ænzeinsekg,* → 'Anzerberg' (PN *Anzo*), *Päbenstain,* → 'Barmstein', *Pabinhouin,* → 'Baumhofen' (PN *Pabo*); in den ON → *Abtenau* (PN *Appo*) und → *Anzenau* (PN *Anzo*) ist hingegen kein Umlaut eingetreten (Dialektaussprache [ɔ]), sie sind also nach der Abschwächung der Endung *-în* > *-en* gebildet worden (ca. 11. Jh.). Das einzige größere Dorf mit einem alten deutschen Namen ist → *Puch*, ursprünglich ein Flurname, der im Erstbeleg in den BN (798/814) noch als Appellativ (*haganpuocha* 'Hainbuche') erscheint. Sonst gibt es nur die wenigen alten Dörfer im Salzachtal, *Kuchl, Golling, Adnet, Oberalm* und *Vigaun* (immerhin lat. *_vicone_ 'Großdorf') und seit dem 11. Jh. als Siedlungsinsel (_insulam_!) im Urwald des Lammertales das st. petrische Pfarrdorf _Abtenau_. Natürlich hat sich das in den letzten 100 Jahren, verstärkt in den letzten 30 Jahren erheblich verändert. Aber auf die Namenlandschaft schlägt das erstaunlich wenig durch: Dominant bleiben die Weiler-, Hof- und Flurnamen, die meist auch von den neuzeitlichen Siedlungen übernommen werden.

Dass der Einzelhof im Tennengau auf weite Strecken hin die dominierende Siedlungsform ist, hat für die Namenlandschaft (und für das Namenbuch) die Folge, dass der Anteil der **Hofnamen** sehr groß ist (zur leichteren Orientierung ist im Namenbuch meistens dem Hofnamen in der Titelzeile die Katastralgemeinde oder Rotte in Klammer hinzugefügt). Eine nicht geringe Zahl dieser Namen bezeichnet heute zwar Weiler oder Katastralgemeinden. Aber immer noch ist die Zahl der Einzelhöfe groß und vor allem in den Bergregionen von Puch bis zur Lammer und in der Abtenau mit Rußbach und Annaberg landschaftsbestimmend. Zu diesen Hofnamen gehören natürlich die Komposita mit dem Grundwort _-hof_ und die Rodungsnamen mit dem Grundwort _-reit/-reut_, vor allem aber auch die vielen Ableitungen mit dem maskulinen Zugehörigkeitssuffix _-er_, die von Hause aus nicht den Hof, sondern den Bauern bezeichnen und zu praktisch jedem Hofnamen (wie zu jedem geographischen Namen) gebildet werden können (_Au – Auer, Bachrain – Bachrainer, Pichl – Pichler, Schwalb – Schwalber_ usw.). Auf die gleiche Weise erklären sich natürlich auch die vielen Familiennamen auf _-er_, wie _Berger, Eder (Öder), Hofer, Huber, Haslauer, Leitner, Neureiter, Rainer, Schlager, Wimmer_ usw. Im Dialekt wird dieses Suffix _-er_ zu [-ɐ] reduziert; da das aber auch bei dem Kollektivsuffix _-ach_ (ahd. _-ahi_) und im Nebenton auch bei _-ouwe, -au_ u.a. der Fall ist, konnte es leicht zu falschen Verschriftungen kommen, vgl. z.B. → _Dornerdörfel_ für _Dornach, Hirscher_ für _Hirschau, Oberhasler_ für _-haslau_ oder _-haslach, Thalger_ für _Thalgau, Loimer_ für _Liubman_. Gelegentlich gehen Hofnamen auf die Endung _-(e)n_ aus, z.B. → _Eliesen, Kainzen, Lanzen, Lunzen, Stig(l)-, Wenglippen._ Auch hier handelt es sich um Bezeichnungen für den Bauern, und zwar um Dativformen von schwach flektierten Personennamen, z.B. _beim Elias(en)._ Gelegentlich werden im Dialekt für den Hofeigentümer auch Diminutivformen auf _-ai_ gebraucht, z.B. [diɐnaɪ] für den von → _Dürn,_ [lipaɪ] für den → _Wenglippen_-Bauern.

Eine beträchtliche Zahl der ins Namenbuch aufgenommenen Ortsnamen sind von Hause aus **Flurnamen**. Viele davon, vor allem solche mit dem Grundwort _-au,_ fungieren auch als Hofnamen, von _Astau, Aschau_ über _Klockau, Voglau_ bis _Zaglau_ und _Zimmerau_. Die Flurnamen mit dem Grundwort _-berg_ bezeichnen hingegen, wenn sie nicht echte Bergnamen (Oronyme) wie _Anzerberg, Ofenauerberg_ oder _Trattberg_ sind, meistens Siedlungsgebiete in Berglage wie _Wimberg, Spumberg, Rengerberg, Ober- und Unterlangenberg_; es sind also Gegendnamen. Im Dürrnberger Salzbergbaugebiet ist _-berg_ auch Fachterminus für einen Stollen (→ _Freuden-, Lind-, Steinberg_). Wie im Flachgau (HELSON 1, 188) gibt es auch im Tennengau einige Hofnamen mit dem Grundwort _-peunt, -point_ 'eingefriedetes Grundstück' (z.B. → _Haar-, Pfenningpoint_).

Unter den **Rodungsnamen** stehen obenan die Bildungen mit *-reit*, nicht selten mit einem Hofnamen als erstem Namensbestandteil; der *-reit*-Hof ist in desem Fall Ausbausiedlung des im Bestimmungswort genannten Hofes (z.B. *Wallmann – Wallmannreit, Zill – Zillreit* u.a.). Häufig steht auch einfach *Neureit* oder für kleine Ausbauhöfe das Diminutiv *Reitl.* Überraschenderweise ist jedoch der Katalog sonstiger Rodungswörter ziemlich beschränkt, und das in klassischen Rodungsgebieten wie der Taugl oder Abtenau. *Gschwandt* und *Gseng* bezeichnen zwar große Rodungsgebiete zwischen Abtenau, Rußbach und Annaberg, aber nicht viele Höfe. Rodungsnamen auf *-brand, -schlag* fehlen überhaupt.

Über die verschiedenen Typen von Ableitungen und Zusammensetzungen geben die Namenslisten am Ende dieses Buches Auskunft.

Leider standen mir für viele Hofnamen und für die meisten Bergnamen keine Exzerpte aus historischen **Quellen** zur Verfügung. Oft konnten verdienstvolle Heimatbücher aushelfen, die freilich nicht immer strengen wissenschaftlichen Ansprüchen genügen. Hier muss dankbar der Name des Heimatforschers Leopold Ziller genannt werden, der über sehr gute Kenntnisse der archivalischen Quellen verfügte. Nicht selten musste die Namenserklärung ohne historische Belege auskommen; in vielen Fällen ist dann die heutige Dialektaussprache eine wichtige Hilfe. Die Entscheidung, welche Namen in das Namenbuch aufzunehmen sind und welche nicht, orientiert sich am amtlichen Ortsverzeichnis (1981), ohne ihm immer streng zu folgen. In vielen Fällen geht sie über das Ortsverzeichnis hinaus und ist dann notwendig subjektiv. Subjektiv ist auch die Entscheidung über die Aufnahme von Bergnamen.

Ich hoffe, dass das Buch im Ganzen ein befriedigendes und zutreffendes Bild einer interessanten Siedlungslandschaft vermittelt, mit einigen (wenigen) sehr alten Siedlungen und Ortsnamen im Salzachtal und dort mit Zeugnissen für das lange Weiterleben romanisch sprechender Bauern und immerhin mit ein paar slawischen Einsprengseln. Seitab des Salzachtales ist das Bild durch die hochmittelalterliche Rodungssiedlung bis in mittlere Höhen und tief in die Wälder bestimmt.

Zum Schluss bleibt der Dank. Die Arbeit am Ortsnamenbuch könnte nicht geleistet werden ohne die im Auftrag der Salzburger Ortsnamenkommission in den 1980er Jahren von Peter F. Kramml erstellte historische Ortsnamenkartei von Salzburg. Sie ist, wie schon für den 1. Band des HELSON, die erste und wichtigste Informationsquelle für die Arbeit an den Salzburger Ortsnamen. Die Dialektaussprache der Ortsnamen wurde, ebenfalls in den 80er Jahren, durch Salzburger Germanistik-Studenten erhoben.Thomas Lindner gebührt der Dank, dass er als Obmann der Salzburger Ortsnamenkommission diese Dateien elektronisch zugänglich gemacht hat. Für diverse ergänzende Auskünfte, vor allem zur Dialektaussprache von Ortsnamen, danke ich den freundlichen Helferinnen in den Gemeindekanzleien von Abtenau, Annaberg, Hallein und Vigaun, Margit Bader und Karl Müller für Auskünfte über Golling und Puch. Brigitte Pilshofer danke ich für Interesse und Zuspruch. Thomas Lindner danke ich für die sorgfältige redaktionelle Betreuung des Bandes, für viele Fachgespräche und für die Ausarbeitung der indogermanischen Etymologien. Keinen Dank verdient der Hacker, der mir mehrere Monate Arbeit geraubt hat. Ohne die Textsicherungen durch Thomas Lindner wäre dieser Band nicht zustande gekommen.

Mit diesem zweiten Band des HELSON beendige ich (an der Schwelle zu meinem 90. Geburtstag) meine Mitarbeit an dem Historisch-etymologischen Lexikon der Salzburger Ortsnamen. Ich hoffe, dass auch dieser Band über die Namen des Tennengaues die gleiche freundliche Aufnahme findet wie der erste Band über die Namen des Flachgaues und der Stadt Salzburg. Dem Unternehmen des Namenbuches wünsche ich einen guten Fortgang.

Dorfbeuern, im November 2017 INGO REIFFENSTEIN

LEXIKON DER ORTSNAMEN

A

ABTENAU, Markt
D: [ɔpˈmaʊ]
U: **1124** *Appanowa â Stubenbergesekke sursum iuxta fluvium lamere* (SUB I, 331); *insulam quandam nomine Appánouua iuxta fluvium qui vocatur Lâmara* (ib.); **1141** *insulam nomine Appanowe iuxta fluvium qui vocatur lamara* (SUB II, 299); nach **1147** *Walpurch uxor cuiusdam Hagenonis de Appenowe* (C M. 13. Jh., SUB I, 529); **1191** *ecclesiam videlicet ad Appennowe* (SUB II, 655); **E. 12. Jh.** *De Pinzgoe, de Pongowe et de Apponowe XV talenta* (C M. 13. Jh., SUB I, 515); **12./13. Jh.** *Taegno l. de Apnowe* (Or. MG Necr. 2, 117); **1233** *ecclesie Appenowe* (SUB III, 401); **1242** *in Appenawe quinque feoda* (SUB III, 547); **1249/50** *prediorum Apnawe et Scheffawe* (SUB IV, 6): **1268** *Ditrico de Appenawe* (SUB IV, 61); **1299** *deu gericht in der Abtenw^o und die vogtay* (SUB IV, 248); **1304** *daz geriht ze Abtenow* (SUB IV, 271), *in der Abtnow* (ib.); **1326** *ecclesie in Abbtenow* (SUB IV, 363); **1336** *Ich Jordan von dem Turm auz der Aptnaow* (Urkunden Nonnberg, MGSL 36, 15); **1356** *Swaiga dicta Zymmerawe sita in Aptnawe* (Urkunden Nonnberg, MGSL 36, 38; Übersetzung aus dem 15. Jh. *ain Swaig genant Zimmeraw, gelegen in der Aptnaw*); **1450** *in der Abbtenaw / in der Abtenaw / In der Abttenaw* (Urkunden Nonnberg, MGSL 38, 206); **1484** *In der abmau vnnd in der gastein vnnd in der großen adl* (Doppler, MGSL 16, 218); **1526** *zu Abtnaw* (Spatzenegger, MGSL 2, 167), *Pauern von Abbtnaw* (ib.); **1675** *Pewördte Paurn, Alls hällinger, gollinger apenauer* ... (Zillner, Chronik 1598-1675, MGSL 2, 187); **1796** *Abbtenau* (Hübner 1796, II, 330).
E: → *-ouwe* ‘Au’ mit PN *Appo* (Kaufmann 1968, 19). Seit dem 14. Jh. volksetymologische Umdeutung des selten gewordenen PN *Appo* zu *Abt* (Erstbeleg 1299), begünstigt sicher durch den Umstand, dass das Kloster St. Peter seit dem 9. Jh. über ausgedehnten Grundbesitz im Gebiet von Abtenau verfügt. Deutlich mundartlich geprägt ist der Beleg *abmau* (1484); in der gleichen Urkunde auch *adl* ‘Arl’. *Abtenau* wird überwiegend appellativisch gebraucht ([di ɔp'maʊ, in dɐ ɔp'maʊ]).
L: ANB 2f.; SONB 156; Lindner 2008, 32. – Vgl. auch Gfrerer 1981.

ADNET, D
D: [ˈɔ:nət, ˈɔ:dnət]
U: **798-814** (C E 12. Jh.) *ad Atanate* (Lošek BN 9.4); **1122** *Sigiboto de Atanath* (SUB I, 330); **1122** *Sigiboto de Atanaht* (SUB I, 330, Z. 17); **1122** *Siboto de Atanat* (Var, C 13. Jh., SUB I, 330, Anm. m); **1125-47** *Sigibotone de Atanat* (SUB I, 346, Z. 12); **1144** *Sigiboto de Athnat* (C E 13. Jh., SUB II, Nr. 222, 323, Z. 10); **12./13. Jh.** *Ekkehardus de Atnat* (MG Necr. 2, 123); **1151-67** *Vlrich de Atanat* (SUB I, 657); **1151-67** *Vlrich de Attanat* (SUB I, 639); **1245** *officiali nostro in Atnat* (SUB III, 607); **1285** *Paldwino*

officiali de Atnat (Konzept, SUB IV, 142); **1407** *datz Atnat* (DOPPLER, MGSL 13, 31); **1432** *Härtel von Atnot* (2x) (Urkunden Nonnberg, MGSL 37, 205); **1444** *Steffan zw Adnaten* (DOPPLER, MGSL 14, 15); **1448** *Smidlehen zu Atnott* (Urkunden Nonnberg, MGSL 38, 201); **1460** *sand Stephan zu Adnaten* (DOPPLER, MGSL 14, 131); **1465** *in Monte Attnat in Prefectura Goling site* (DOPPLER, MGSL 15, 45).
E: kelt. Ableitungskompositum **at-an-ate* 'Siedlung am Sumpf'; wenn roman. Konsonantenschwächung **t* > *d* (**Atanate* > **Adanade*) anzunehmen ist, dann hat der ON die Medienverschiebung der 2. (ahd.) Lautverschiebung *d* > *t* mitgemacht, was eine Eindeutschung vor ca. 800 belegen würde. Seit dem 15. Jh. Schwächung von *t* > *d* durch die mittelbair. Konsonantenlenierung (1444 *Adnaten*).
L: ANB 10f.; SONB 57; LINDNER 2002, 539. – Vgl. auch KRETSCHMER 1990.

ADNETER RIEDL, Sdlg, G Hallein
D: [ˈɔ:nətɐ ri:^{d}l]
U: **1350/60** *Rudbertus in Muntigl* (SLA, Urbar 6, fol. 10; KLEIN 1967, 51, Anm. 22).
E: oberdt. *Riedl* m. 'leichte Erhebung, Bergrücken' (SCHMELLER 2, 59; DWB 8, 918); vgl. *Riegel.* Der Adneter Riedel ist der „Höhenrücken, der das Adneter Becken von der Sohle des Salzachtales trennt"; er hieß im 14. Jh. *Muntigl* 'monticulus', vgl. dazu → *Muntigl*, HELSON I, 85f. und H. KLEIN 1967, 51f.

AHAUSER, E, G Hallein (Burgfried)
D: [ˈa:haʊsɐ]
U: **1143** *beneficium, quod habuit ab eo ad Pongowe, ad Ohusin, ad Hegelin* (SUB I, 402); *ad Hv̊sin; Ahavsen* (Randgl. 15. Jh., ib. Anm.e); **1313** *datz Ehausen in dem velde* (SUB IV, 315); **1325** *Seibot Haberl von Ahausen* (F. ca. 1470, SUB IV, 356); **1326** *pratum ibidem in Æhusen* (SUB IV, 363).
E: *-haus* mit ahd., mhd. *ouwe* 'Schaf' (altdial. [a:]). Der Name des *Ahauserbauern* lebt auch in einem Straßennamen weiter (*Ahauserweg*).

AICHHORN, Hf, G Abtenau (Seetratten); **EICHHORN**, Hf, G St. Koloman (Oberlangenberg)
D: ['ɔɐxɐn]
U: **1393** *Hainreich der Aicharn in der Seytten* (RETTENBACHER 1982, 442; **1718** *Guett Aichhorn ... auf der Gschwandt* (Hofurbar, GFRERER 1981, II, 394).
E: ahd. *eihhurn(o), eihhorn(o),* mhd. *eich(h)orn* 'Eichhörnchen'. Etymologisch hat das Wort weder mit der *Eiche* noch mit einem *Horn* zu tun. *Eichhorn, -hörnchen* ist eine volksetymologische Deutung des undurchsichtigen Wortes. Zur Etymologie vgl. KLUGE/SEEBOLD 167f.; PFEIFER, EWb. 264; EWAhd 2, 974ff.; WBÖ 5, 1406ff. Bemerkenswert ist, dass sich das alte Wort ohne volksetymologische Deutung (z.B. zu bair. *Eichkatzl*) gehalten hat. Namengebendes Motiv: Gegend mit (vielen) Eichhörnchen?
L: GFRERER 1981, II, 394.

AIGEN, D, G Vigaun (Riedl)
D: [ɔɐŋ
U: **1188-1193** *predium suum apud Můntigil* (SUB I, 477; dort irrig auf Bergheim bezogen, vgl. KLEIN 1967, 52, Anm. 26); **1369** *Aygen auf dem Muntigel*, **1445** *Muntigel am Aygen* (Urbar St. Peter, KLEIN 1967, 52).
E: mhd. *eigen* ‘freier Grundbesitz’ (HELSON 1, 4f.); das Dorf liegt am Ende des → *Adneter Riedls,* der bis ins 15. Jh. den Namen → *Muntigl* trug.
L: KLEIN 1967, 52f.; *Vigaun* 1990, 213.

ALMBACH, ALM, GewN, r. z. Salzach bei Hallein → *Almbach,* HELSON 1, 6.
D: [ɔɪm(bɔx)]
U: **798-814** (C E 12. Jh.) *ecclesiam ivxta ripam, que vocatur Albîna* (LOŠEK BN 7.3).
E: alteurop. *$*álb^h$-inā* ‘die Weiße’; die idg. Farbwurzel *$*h_2elb^h$-* (> *$*alb^h$-*) ‘weiß’ (vgl. lat. *albus*) kommt in vielen GewN vor (z.B. *Elbe, Lavant*). Die meisten histor. Belege betreffen den ON → *Oberalm.*
L: → *Oberalm*

†ALMSTEG bei Oberalm
U: **1536** *bey dem Albm Steg im Glanegger gericht bei der Öslmüll* (Urkunden Nonnberg, MGSL 41, 50).
E: *-steg* ‘Brücke’ mit → *Alm*, GewN.

†ALMWERK bei Hallein
U: **1498** *das heher guet gelegen bei hellen im Albenwerch* (DOPPLER, MGSL 16, 360).

ALPBICHL ALM → *Alpigl*

ALPIGL, Alm sö. des Trattbergs, G Abtenau (in älteren Ausgaben der ÖK 50, Bl. 94 und noch in der neuen ÖK25V, 33-01-10 (Fuschl) fälschlich *Alpbichlalm*)
D: [ɔɪˈpi:gl]
U: **788-790** (C M. 12. Jh.) *alpes ... Alpicula et Lacuana* (LOŠEK NA 7.8); **10.-12. Jh.** *inde Cinkenpah, inde Alpigilin, inde ad Chuningesperc* (C 10.Jh, SUB I, 912); **10.-12. Jh.** *ad Alpigilin* (C 10. Jh., SUB I, 912, Z. 27 = Tr. Mondsee Nr. 157, 172,188), *Alplingon* (C 12. Jh.), ib. Anm.; **um 1000** *ad Alpigilin* (Tr. Mondsee Ne 157 gep., Kopie um 1000, Dat. nach RATH, Mondsee, 411); **um 1000** *ad Alplingon* (ib, Nr. 188 gep., Kopie gleichzeitig, Dat., RATH, Mondsee, 411); **12. Jh.** (F 748) *ad Alblingon* (ib, Nr. 172).
E: lat. *alpicula* ‘kleine Alm’. Der Almname wurde spät (um oder nach 1000) eingedeutscht (Akzent nicht auf die erste Silbe verlegt). In der Neuzeit kam es zu volksetymologischen Verballhornungen (*Alp-, Altbichl, -bühel*). Die abtenauische Alm *Alpigl* ist nicht identisch mit der *Alpiglalm* in der G Strobl oberhalb des Schreinbaches (vgl. HELSON 1, 6). Auf welche Alm sich die Erstnennung bezieht, lässt sich nicht entscheiden; der Kontext (*alpis Cuculana,* → *Gugelan* in der Taugl) spricht eher für die Abtenauer Alm. Die Belege aus den Mondseer Traditionen beziehen sich sicher auf die Strobler Alm. Da FINSTERWALDER a.a.O. 29 für *alpicula* die Bedeutung „höher gelegener Teil einer Alm“ für Westtirol

erschließt, ist nicht unwahrscheinlich, dass das Wort ursprünglich das ganze Almgebiet zwischen den zwei Alpiglalmen bezeichnete.
L: ANB 27; SONB 43; HELSON 1, 6; FINSTERWALDER 1990-95, 1, 189-199 (mit unzutreffender Angabe über die Akzentuierung der Salzburger *Alpigl*-ON).

ANGERER, Hf, G Abtenau (Leitenhaus)
D: ['ɔŋɐrɐ]
U: **1450** *Wolfgang Angär In der Abtenaw* (Urkunden Nonnberg, MGSL 38, 206).
E: mhd. *anger* 'Grasland, Ackerland' (WBÖ 1, 237ff.).
L: GFRERER 1981, II, 361f.

ANGERSTEIN, BergN (2100 m), G Annaberg
D: ['ɔŋɐʃtɔɐ^{n}]
E: wahrscheinlich nach dem → *Angerergut*; der *Angerstein* weist glatte Felswände, aber keinen Anger auf.
L: ZILLER 1982, 76.

ANNABERG, D, Mitte des 18. Jhs. auf dem Gebiet der → *Zimmerau* neu begründet
D: ['anɐbɛɐg], zur Aussprache von *Anna* vgl. WBÖ 1, 249.
U: **1356** *Swaiga dicta Zymmerawe sita in Aptnawe* (Urkunden Nonnberg, MGSL 36, 38), *ain Swaig genant Zimmeraw, gelegen in der Aptnaw* (ib., Übersetzung 15. Jh.); **1450** *Czymmeraw gelegen in der Abbtenaw* (Urkunden Nonnberg, MGSL 38, 206); **1458** *Guet genannt Czimeraw daz gelegen ist In der Apptenaw* (Urkunden Nonnberg, MGSL 38, 220); **1544** *das Gut Zimmerau* (Urkunden Nonnberg, MGSL 41, 59); **1786** *Annabergroth* (Annabergrotte; GFRERER 1989, 215); **1796** *Vikariatskirche zur h. Anna, oder auf dem Annaberge in der Zimmerau ... im Jahre 1751erbaut* (HÜBNER 1796, 2, 334).
E: → *-berg* mit dem Kirchenpatrozinium der hl. *Anna*, Kirche erb. 1750-52 auf einem Grund des → *Zimmerau*bauern (Kirche *St. Anna im Berg*); Gemeinde seit 1849 (GFRERER 1989, 91). Die Rotte → *Zimmerau* liegt knapp nördlich des Dorfes.
L: DEHIO 17; GFRERER 1989, 38, 91, 215ff. – Vgl. insgesamt auch GFRERER 1989.

ANZENAU, R, G Oberalm (Vorderwiestal)
D: [ɔnts'naʊ]
E: → *-au* mit PN *Anzo* (KAUFMANN 1968, 33f.); vgl. HELSON 1, 8.

ANZERBERG, BergN (1469 m), G Krispl (Gaißau)
D: [antsɐ'bɛɐg]
U: **1245** *usque in summitatem montis Æmzensperge* (SUB III, 607, Z. 31); **1390** *Ænzeinsekg, Ænzeinshorn* (KLEIN 1946/47, 71); ZILLER 1982, 76f. (mit weiteren Bel.)
E: → *-berg* mit PN *Änzîn*, Dim. von ahd. *Anzo*.Vgl. → *Anzenbergalm*, HELSON 1, 8.
L: ZILLER 1982, 76f.

†APICHL, Hofstatt zu Oberalm
***U:* 1557** *hofstat man ... yetzt den Apüchl nennt* (Urkunden Nonnberg, MGSL 42, 74).
E: → *-bichl* 'Bühel' mit mhd. *ouwe* 'Schaf', dial. [a:], vgl. → *Ahauser.*

ARCHEN, W, G Vigaun
D: ['ɔɐxŋ, 'ɔɐxnɐ]
E: mhd. (bair.) *arche* 'Wasserverbauung, Schutzbau' (SCHMELLER 1, 138); *Archen* liegt am felsigen Abhang zur Taugl. Zu *arch* vgl. → *Archstein*, G Elsbethen, HELSON 1, 9.
L: *Vigaun* 1990, 219.

†ARCKENREUT in der Taugl, G Vigaun (zu → *Archen*?)
***U:* 1499** *Cristan Lewbman zu Arckenrewt in der Tawckl* (Urbar, Registrum, SPATZENEGGER, MGSL 9, 65).
E: → *-reut* mit → *Archen* (wahrscheinlich), eine Rodungssiedlung (*reut*) zu *Archen* wie → *Zillreith* zu → *Zill* u.a. (SONB 111).

ARLER, E, G Abtenau (Au)
D: ['ɔɐlɐ]
***U:* 1325** *Arelhof*; **1551** *Urban Ardler*; **1633** *Blasy Arlhofer* (Bel. nach GFRERER 1981, II, 225).
E: wahrscheinlich bair. *Arl* 'altertümlicher Holzpflug', davon übertragen auch 'Ackermaß' (WBÖ 1, 328ff., die Bed. 'Ackermaß' 330). Der Hof hat dem unmittelbar benachbarten **ARLERSTEIN** (913 m), ['ɔɐlɐʃtɔɐⁿ], seinen Namen gegeben.
L: GFRERER 1981, II, 225ff.

†ARNOLDSBERG, G Adnet
***U:* 1463** *ain gut genant Arnoltsperg auf dem Atnatsperg in Golinger gericht* (OU 1463 II 07); **1467** *ain gut genannt arnoltzperg auf dem attnatsperg in Golinger gericht* (OU 1467 VI 20); **1493** *zuegetailt ain gut genant Arnoltsperg auf dem atnasperg in Golinger gericht vnd kuchler pfarr* (OU 1493 III 07); **1520** *Ain gut genant Arnodsperg auf dem Attnasperg in Gollinger gericht vnd kuchler pfarr* (OU 1520 V 25).
E: → *-berg* mit PN *Arnold.*

ARZBACH, Hf, G Abtenau (Seidegg)
D: ['a:tsbɔ]
E: → *-bach* mit mhd. *erze, ärze* 'Erz' (ahd. *aruzi*); ergiebigere Erzvorkommen liegen allerdings nicht dort, sondern am Fuß des Tennengebirges (→ *Digrub*; GFRERER 1981, I, 28f.).
L: GFRERER 1981, II, 599.

ARZBERG, R, G Adnet
D ['ɔɐtsbɛɐg]
***U:* 1393** *jakob artzt* (SONB 121).
E: → *-berg* mit Berufsnamen *Arzt* (SONB 121; wird durch die Dialektausspr. bestätigt). Der Bel. **1137** *Mirabilis nanus dê Arizberch* (SUB II, 260; *-berg* mit ahd. *aruz, ariz* 'Erz') bezieht sich auf ein anderes *Arzberg*; die Zuordnung zum

Adneter *Arzberg* (so ANB 43) ist irrig.
L: SONB 121.

ASCHACH, **ASCHER**, E, **ASCHERBAD**, W, G Abtenau; G Krispl; G St. Koloman
D: ['aʃɐ, 'ɔʃɐ, 'ɔʃɐ'bɔ:d]
U: **1459** *Wilhalm Aschaher pfleger zu Warttenfels* (DOPPLER, MGSL 14, 116); **1472** *Virgil Aschaher zw wispach* (DOPPLER, MGSL 15, 82); **1483** *Im ghay ... gegen der Aschacherin hoff* (DOPPLER, MGSL 16, 214); **1490** *... gegen der Aschacherin hofe* (ib., 265).
E: mhd. *asch* 'Esche' mit Kollektivsuff. *-ahi.*

ASCHAU, **UNTERASCHER**, Hf, G Abtenau; G St. Koloman
D: ['aʃaʊ, 'ɔʃɐ]
U: **1497** *Niclas aschawer zu nideraschaw in der weitten tawgkl* (DOPPLER, MGSL 16, 338); **1779** *Nieder Aschau, obern Aschau* (RETTENBACHER 1982, 436).
E: → *-au* mit mhd. *asch* 'Esche'.
L: RETTENBACHER 1982, 436.

ASCHENGUT, ZH, G Scheffau (Weitenau)
D: ['aʃn]
U: **1434** *Aschen* (im Abtenauer Gericht) (PEZOLT, MGSL 40, 165); **1486** *Wolfgang Aschner aus der weytenau* (DOPPLER, MGSL 16, 238); **1489** *zu Aschen* (PEZOLT, MGSL 40, 185); **1525** *Aeschen in der Weitau* (CLANNER, MGSL 25, 35).
E: mhd. *asch* 'Esche'.

ASTAU, Hf, G Annaberg (Astauwinkel)
D: [ˈastɐ]
U: **1604** *Guet Astau* (GFRERER 1989, 271).
E: → *-au* mit ahd. *ewist, ouwist* 'Weideplatz, Voralm, ursprgl. Schafstall, Schafweide' (AWB 3, 468f.; WBÖ 1, 488f.; BWB 1, 654); → *Asten* und HELSON I, 9f.
L: GFRERER 1989, 262, 271.

ASTEIN, Hf, G Abtenau (Wagner)
D: ['a:ʃtɔɐ^{n}]
U: **1331** *Walkel de Astein* (GFRERER 1981, II, 484); **1424** *das Gut Astain* (MARTIN Arch. IV, S. 73, Nr. 621); **1829** *Astein* (Frz. Kat., ZILLER 1982, 113).
E: *-stein* 'Felsen' mit mhd. *ouwe* 'Mutterschaf' = „Schafberg". Dass *Astein* der ältere Name des → *Taborberges* gewesen sei (ZILLER 1982, 113), dürfte unzutreffend sein.

ASTEN, D, G Kuchl (Georgenberg)
D: [ˈastn]
U: **1348** „Die erzbischöfl. curia oder der Hof zu *Aust, Asten* oder *Ästen* wurde bereits vor 1348 erstmals geteilt" (*HB Kuchl* 267); über weitere Teilungen und Ausbrüche *HB Kuchl* 269f.
E: ahd. *ewist, ouwist* 'Schafstall, Schafweide'; → *Astau* und HELSON 1, 9f.

†ÄTTLERBACH, **ATLASBACH**, GewN in Hallein
U: **1422** *gelegen ... am Ättlerpach* (GREINZ, MGSL 52, 144); **1429** *Mül zu*

dem Hällein gelegen In dem Ättlärpach (Urkunden Nonnberg, MGSL 37, 201); **1436** *Ättlär Pach* (Urkunden Nonnberg, MGSL 37, 210); **1447** *Laurentz Ättlär, Bgr zu Hallein, ... verkauft... gelegen hinder dem pfarrhof in dem ättlar pach* (GREINZ, MGSL 53, 42); **1448** *die Mul zu dem Hällein im Ättlärpach* (Urkunden Nonnberg, MGSL 38, 199); **1556** *Mühle am Adleinspach (Atlasbach)* (Urkunden Nonnberg, MGSL 42, 73).
E: wahrscheinlich *-bach* mit *Ater* 'Natter' (SCHMELLER 1, 171).
L: STRABERGER 1974, 7f.

AU, G Abtenau, Hallein, Krispl
D: [aʊ]
U: **1405** *garten in der Aw* (Nonnberger Urbar, DOPPLER, MGSL 23, 52, 7x).
E: → *-au,* mhd. *ouwe* 'Au, feuchtes Gelände'.
L: ANB 51ff.; SONB 156ff.; GFRERER 1981, II, 215ff.

AUBACH, GewN, r. Z. Lammer (Einmündung bei Pichl), im Oberlauf → *Liembach, Lien-*
D: ['aʊbɔ(x)]
E: *-bach* aus der → *Au* (dort auch die *Aualm*).
L: STRABERGER 1974, 8.

AUBAUER, D, G Golling (Torren)
D: ['aʊbaʊɐ]
E: *-bauer* mit → *au* 'feuchter Grund'.

AUER, Hf, E, R, G Abtenau, Kuchl, Scheffau
D: ['aʊɐ]
E: 'einer aus der → *Au*'.

AUWINKL, R, G Abtenau (Au)
D: ['aʊwiŋkhɪ]
E: → *-winkel* 'Winkel, abgeschiedener Platz' mit → *au.*

B

BACHBAUER, Hf, G Scheffau
D: ['bɔ:baʊɐ]
E: *Bauer* am *Bach.*

BACHLUNZEN, Hf, G Scheffau
D: ['bɔ:luntsn]
E: → *Lunzen* am *Bach.*

BACHRAINER, Hf, G Abtenau; G Scheffau (Voregg)
D: ['bɔ:(x)rɔɐ^{n}]
E: am *Bachrain* 'Bachufer'.

BÄCKENBAUER, W, G Golling
D: ['bekhŋbaʊɐ]
E: *-bauer* mit *Bäck* 'Bäcker'.

BAD DÜRRNBERG → DÜRRNBERG

BÄHMEL, ZH, G Scheffau (Oberscheffau)
D: [s 'beːmɪ]
E: Dim. von [boːm], mhd. *bodem* '(ebener) Boden' = „das Bödemlein" (AV-Karte Tennengebirge FlurN *Boden*); zu *Bodem* vgl. auch → *Pommer.* In Bayern (LK Wegscheid) heißt auch ein freistehender Getreidespeicher *Böml* (BWB 2, 1547). Die ungeschickte amtliche Schreibung *Bähmel* entstellt den Namen zur Unkenntlichkeit.

BÄRHOF, Hf, G Abtenau
D: ['bɛɐhof]
U: **1393** *Jacob von Perhof* (DOPPLER, MGSL 12, 265).
E: *-hof* mit PN *Bero* oder (eher) mit ahd. *bero* 'Bär'.
L: GFRERER 1981, II, 409.

BARMSTEINE, BergN (851 m), Felsspitzen bei Hallein
D: [ba'm'ʃtɔɐⁿ]
U: **1198** *Pabensteine* (KU Berchtesgaden Nr. 17, SUB II, 706), *a Pabensteine usque ad villam Alben* (ib.), *in predictis salinis, que sunt inter Pabensteine* (ib., 707); **1212** *Babinsteine* (C SUB III, 160); **1323** *descendendo von dem Wenigen Paebenstein* („dem Kleinen Barmstein") *ab in die ach* (Urbar St. Peter, KOLLER 1976, 34); **1449** *vntz auf den Pabenstain. Den man die marchschartten nennet da hälliger gericht anstößt* (DOPPLER, MGSL 14, 59); **1386** (C **1690**) *Parmstain*; **1454** *Päbenstain*; C **1706** *auf den Pärmbstain*; **1652** *Pämbstain*; **1706** *Pärmbstain*; **1795** *Barmstein* (Belege nach VON REITZENSTEIN 1991, 97f.).
E: mhd. *stein* 'Felsen' mit PN *Pabo,* Gen. *Päbin.* Das *i* der Endung bewirkte Sekundärumlaut (wie in → *Pabing,* HELSON 1, 94); [baː'm-] wurde seit dem späten 17. Jh. zu *Barm* 'Futtertrog' umgedeutet und entsprechend geschrieben. Eine andere Umdeutung von [baː'm-] '*Päbin-*' liegt in → *Baumhofen* vor.
L: VON REITZENSTEIN 1991, 97f.

BAUMGARTNER, R, G Scheffau
D: ['baʊⁿgɔɐxtnɐ]
E: 'Baum-, Obstgarten'.

†BAUMHOFEN, heute → **SANKT MARGARETHEN**, D, G Vigaun
D: bis ins späte 19. Jh. [baːmˈhoːfm] (PRINZINGER, MGSL 21, 6), heute [sɔnkt mɔɐˈgrɛtn]
U: nach **1131** *Hiltibrant de Pabinhouin* (SUB I, 343, Nr. 179); **1212/1312** *gut ze Páwenhofen* (C14. Jh., Nonnberger Urbar, DOPPLER, MGSL 23, 50); **1258** Wiese zu *Pabenhofen* (ZILLNER, MGSL 21, 58, Anm. 4); **1258** Chuno u. Otto v. Gutrat treten dem Kloster Nonnberg die Wiese *Pabenhoven* ab (Or., Urkunden Nonnberg, MGSL 35, 15); c. **1259** *Livpoldus de Pebenoven* (SUB I, 568, Nr. 667); ca. **1334** *Pábanhofen* (C 2.H 14. Jh., Nonnberger Urbar, DOPPLER, MGSL 23, 103); **1336** *item ze Pabenhof* (SUB IV, 428, Z. 32); **1325** *Herman Pabenhofer* (F. c. 1470, SUB IV, 356, Z. 11); **1405** *Pádemhoffen* (Nonnberger Urbar, DOPPLER,

MGSL 23, 50); **1432** *Hainrich von pabenhofen* (Urkunden Nonnberg, MGSL 37, 205); **1444** *Margreten Kirichen zw Pabenhouen* (DOPPLER, MGSL 14, 15); **1455** *Sigmund Vicztumb von Pabenhofen* (DOPPLER, MGSL 14, 74); **1460** *Sand Margreten Kirichen zu pabenhoven* (DOPPLER, MGSL 14, 131); **1487** *ainn paumgarten zu päbenhofen bey dem dorf im Kucheltal gelegen* (DOPPLER, MGSL 16, 242); **1490** *Päbenhofen* (Urkunden Nonnberg, MGSL 38, 255); **1498** *die Lanngwis vnd pawngarten zu Pabenhofen gelegen zwischen hellen und Kuchel* (DOPPLER, MGSL 16, 360); **1511** *sand Margarethen zu Pabenhofen* (Urkunden Nonnberg, MGSL 39, 140). *Pabenhofen* ist (war) eine Ortschaft mit zerstreuten Häusern zwischen Burgfried, St. Margarethen und Vigaun (ZILLNER, MGSL 21, 58). *Paumhof,* Baumhofen ist der ältere Name von → *St. Margarethen*; im Volk (um 1880) noch mundartl. „*Bámhofen*" (PRINZINGER, MGSL 21, 6/8).
E: → *-hofen* mit PN *Pabo*; das *-in* der Gen.-Endung bewirkte Sekundärumlaut *ä*, vgl. → *Barmsteine*; die Umdeutung von [ba:'m-] '*Päbin-*' zu [ba:m-] '*Baum*' erfolgte erst nach dem 16. Jh.
L: SONB 97f.; *Vigaun* 1990, 125ff.

BERGALM, Alm, G St. Koloman (Tauglboden)
D: ['bɛɐgɔɪm]
E: 'Alm auf dem Berg'.
L: RETTENBACHER 1982, 451.

BERGERSREIT, R, G St. Koloman (Oberlangenberg)
D: [bɛɐgɐs'raɪt]
E: Ausbausiedlung (→ *-reut*) vom Gut *Berger*.
L: RETTENBACHER 1982, 445f.

BERNHOF, R, G Scheffau (Oberscheffau)
D: ['bɛɐnhof]
E: vgl. → *Bärhof.*

BICHL, R, G St. Koloman
D: ['bi:hɪɐ 'Pichler']
U: **1325** *Iacob von Puchel* (F. ca. 1470, SUB IV, 355, Z. 2)
E: mhd. *bühel* 'Hügel'. Vgl. → *Pichl.*

BIRG, Burghügel → *Bürger*

BIRGL, Felshügel w. der Römerbrücke, G Vigaun
D: [büɐgl]
U: **1881** *Die Taugl versiegt ... zwischen der Tauglmühle, dem Rabenhöh-Palfen und Birgl in dem Gerölle* (PRINZINGER, MGSL 21, 4); *am Birgl unweit der Römerbrücke* (ib.).
E: ahd. **birgil* 'kleiner Berg'; vgl. → *Bürglstein,* HELSON 1, 17; oder 'kleine Burg', vgl. → *Bürger.*

BISCHOFSMÜTZE, BergN (2459 m., höchster Berg des Gosaukammes), G Annaberg

D: [mitsn] (Annaberg)
U: **1818** *Gr.* und *Kl. Zorning* (Gen.C., ZILLER 1982, 78; sonst nirgends belegt, unklar).
E: der heutige Name ist sicher eine touristische Prägung, nach der einer Mitra ähnlichen Gestalt der beiden Gipfel. *Zorning* ist vielleicht eine Ableitung von *Zorn* 'Erregung der Natur, Sturm u.ä.' (DWB 16, 98, Bed. 12); wahrscheinlich sammeln sich über den alleinstehenden Gipfeln Unwetter. Der alte Name der Bischofsmütze dürfte **Stuhl* gewesen sein; zu Füßen der Nordabstürze der Bischofsmütze liegt das *Stuhlloch*, ein großes Schotterkar, und die → *Stuhlalm*; mhd. *stuol* '(hervorgehobener) Stuhl, Predigtstuhl', vgl. *Predigtstuhl* bei Bad Reichenhall und FINSTERWALDER 1990-1995, 680, 761.
L: ZILLER 1982, 78, 113.

BLEIKOGEL, BergN (2411 m), G Abtenau (zweithöchster Berg des Tennengebirges)
D: ['blaɪkho:gl]
E: „nach der bleigrauen Färbung", LOIDL bei HACKEL 1925, 19 (kahler Kalkberg).

BLUNTAU, FlurN (Tal) G Golling
D: ['bluntaʊ]
U: **1887** *Bluntau* (IMHOF, MGSL 27, 121).
E: unklar; plausibler Vorschlag (vgl. SONB 166): *-au* mit mhd. **blunden* 'verfinstert', Part. Prät. von **blindan* 'sich verfinstern' (st. Verb, III. Ablautreihe, *binden – band – gebunden*); KLUGE/SEEBOLD 92, s.v. *blenden* (verwandt mit *blind*). Zur Enge zwischen den hoch aufragenden Wänden des Göll und des Hagengebirges würde die Bedeutung gut passen.
[Mit mhd. *blüejen* 'blühen' hat *Bluntau* jedenfalls nichts zu tun (sehr wohl aber *Blüentau* zwischen Sulzau und Tenneck, G Werfen (Pongau),**1806** *Plientau* (MGSL 37, 127); **1809** *Plüntau* (ib. 162) und das *Blühnbachtal* bei Tenneck)]
L: SONB 166.

†BRANDAU → *Branterer*
U: **1459** *Prantaw* (Hofurbar 5, nach ZILLER 1986, 51).
E: → *-au* mit *Brand(stätte)*; unter *Brandau* wurden bis 1800 die Güter → *Branterer, Moder,* → *Urban* und → *Schwalber* zusammengefasst (RETTENBACHER 1982, 433).
L: RETTENBACHER 1982, 433; ZILLER 1986, 51.

†BRANDREUT bei Gutrat (in der Au bei Hallein)
U: **1459** *ain guet genant Prantrewt gelegen vnter Guetrat im Glanegker gericht darauf Asm Syber yetz sitzt* (DOPPLER, MGSL 14, 125).
E: durch Brandrodung gewonnener Besitz.

BRANDSTATT ZH, G Scheffau
D: ['brɔndʃtɔ:d]
U: **1393** *Ain guet ze prantstat* (DOPPLER, MGSL 12, 265) lt. Reg. bei St. Koloman.
E: 'Brandstätte' (am Platz eines abgebrannten Hofes).

BRANTERER, Hf, G St. Koloman
D: ['brɔntɐrɐ]
E: 'Brandstätte' (am Platz eines abgebrannten Hofes). Bis 1800 wurden die Güter *Branterer*, *Moder*, → *Urban* und → *Schwalber* unter → *Brandau* zusammengefasst (RETTENBACHER 1982, 433).
L: RETTENBACHER 1982, 433.

BRAUN, Hf, G Abtenau (Pichl)
D: ['braʊ^n]
E: Farbadj. *braun,* vermutlich ein Übername (Bedeutung?).
L: GFRERER 1981, II, 525f.

BRAUNÖTZHOF, W, G Annaberg
D: ['braʊ^{n}nəts]
U: **1733** *Braunatshof*; **1786** *Praunatshof* (Bel. nach GFRERER 1989, 202f.).
E: Die urkdl. Schreibungen und auch die Aussprache (Akzentuierung) lassen eher an mhd. **brûnôti* 'Bräune, verdorrtes (abgebranntes?) Gelände' denken (GFRERER 1989, 202) als an → *-hof* mit mhd. *etze* 'Weideplatz' (SCHMELLER 1, 181) und *brûn* 'braun, dunkel' (vom welken oder abgebrannten Gras?); vgl. →*Ebmat, Quengert,* HELSON 1, 20, 100.
L: GFRERER 1989, 202f.

BRETTSTEIN, W, G Vigaun (Groß-, Klein-)
D: ['brɛtʃtɔɐ^n]
E: Der FlurN *Prettstain, Br-* bedeutet „ein Feld (eine Wiese), aus der brettförmige, flache Steinplatten hervorschauen" (*Vigaun* 1990, 206); vgl. auch *Brett* 'flache, kahle, graslose Felsplatte; steile, glatte Grasfläche' WBÖ 3, 912 (Bed. 2, c, d).
L: *Vigaun* 1990, 206.

BROS, Unter-/Ober-, W, G Vigaun (Rengerberg)
D: [bro:s]
E: PN *Ambrosius*, Kurzform *Bros* (WBÖ 1, 171f.).
L: *Vigaun* 1990, 218.

BRÜCKL, R, G St. Koloman
D: [brikl]
U: **1577, 1657** *Prügglern*, *Ober-*, *Unterbrüggl* (RETTENBACHER 1982, 436).
E: *Brücke,* Dim. 'bei der kleinen *Brücke*'
L: RETTENBACHER 1982, 436

BRÜCKLPOINT, H, G Hallein, bei Gamp
D: ['briklpoɪ^{n}t]
U: **1325** *Ott von Prukkelpeunt* (F. ca. 1470, SUB IV, 355).
E: → *-point* mit Dim. von mhd. *brücke* 'eingefriedetes Grundstück am *Brückl*'.

BRÜCKLREIT, R, G St. Koloman
D: [brikl'raɪt]
E: → *-reit* 'Rodung' mit → *Brückl* (Ausbausiedlung).
L: RETTENBACHER 1982, 436 (*Prügglern*)

BRUNAU, Hf, G St. Koloman (Oberlangenberg)

D: [bru:'naʊ]
U: **1348** *prunnaw* (RETTENBACHER 1982, 444).
E: → *-au* mit mhd. *brunne* 'Brunnen, Quelle'.
L: RETTENBACHER 1982, 444

BRUNN bei Hallein
D: [brun]
U: **1325** *Ieorg daz Prün* (F. ca. 1470, SUB IV, 355, Z. 9).
E: mhd. *brunne* 'Brunnen, Quelle'.

BRUNNECK am Pass Lueg → **MARIA-BRUNNECK**

BRUNNER, W, G Golling
D: ['brunɐ]
U: **1459** *Hainreichen Prunner* (DOPPLER, MGSL 14, 106).
E: 'einer von einem Hof → *Brunn*'.

BUCHEGG, W, G Scheffau (Wallingwinkel)
D: [buɐx'ek]
E: → *-egg* mit mhd. *buoche* 'Buche'.

BUCHNER, R, G St.Koloman (Taugl)
D: ['buɐxnɐ]
U: **1497** *Anndre von der Puechen ym Tawgkelpoden vnd golinger gericht* (DOPPLER, MGSL 16, 336[langes Testament]), *Hanns von der puechen* (ib.), *dj puechen das gut also genant* (ib.), *der puechen halbem ...* (ib., 337), *Im Tawgkelpoden zw der Puechen* (ib., 338), *Anndre von der Puechen* (DOPPLER, MGSL 16, 338).
E: mhd. *buoche* 'Buche'.

BÜRGER, W, G Vigaun
D: ['biɐgɐ]
E: angeblich nach einer (abgekommenen) kleinen Burg auf einem benachbarten felsigen Hügel (ZAISBERGER/SCHLEGEL 188), eher nach dem → *Birgl*, auf dem diese Burg gestanden haben könnte. ZAISBERGER/SCHLEGEL 188f. (s.v. *Birg*) vermuten dort die von *Wenher von Lengenfeld* (vgl. Hof → *Lengfelden*, G Vigaun (*Vigaun* 1990, 216f.) errichtete Jakobskirche bei seinem Turm *Vrîmos* (→ *Freimoos*), die mit → *Sankt Jakob am Thurn* (mit dem die von Wernher gestiftete Kirche bisher identifiziert wurde) nichts zu tun habe.
L: *Vigaun* 1990, 205; ZAISBERGER/SCHLEGEL 188f.

†**BÜRGLGUT** bei Adnet
MGSL 21, 19, Anm. 4.
E: → *Birgl.*

†**BURGLEITEN** am Georgenberg, G Kuchl
Jetzt (1881) → *Großkarl* (auch *Leithe am Kar*, PRINZINGER, MGSL 21, 11).

C

†CUUDICUS, Alm beim Schmittenstein?
U: **788-790** (C M. 12. Jh.) *et alpes in eodem pago ... vocantur Cuudicus* (Lošek NA 7, 8)
E: wahrscheinlich lat. (*mons*) *(in)cudicus* ‘Amboßstein’, mögliche frühe Bezeichnung des → *Schmittensteins* (Prinzinger, MGSL 21, 17, Anm 2; Lindner 2008, 24); vgl. auch die → *Gugelan*-Alm zu Füßen des Schmittensteins.
L: ANB 217; SONB 43; Lindner 2008, 24.

D

DAVID, R, G Kuchl; W, G St. Koloman; **DAVIDL**, W, G Puch
D: ['dɔ:fit]
U: vor **1622** Besitzer *David* Streitfeldner, früher *Wehrnerlehen* (St. Koloman).
E: PN *David.*
L: Rettenbacher 1982, 450.

DECHL, D, G Golling
D: ['dɛ:xɪ]
E: unklar; vgl. *†Techen(t), Techel(t)* ‘Maßeinheit für Eicheln oder Bucheckern (für Schweinemast)’, WBÖ 4, 1214f.; DWB[2] 6, 472f. (*dechel*); Ziller 1986, 61: FamN *Dechl* (unklar).
L: Ziller 1986, 61.

DIGRUB, E, G Abtenau
D: ['di:gruɐb]
U: **1230, 1272** *Grube*; **1325** *Grueb, Tygrube*; **1599** *Thoman Dygrueber* (Gfrerer 1981, II, 357ff.).
E: mhd. *gruobe* ‘Grube’ mit unklarem Erstglied.
L: Gfrerer 1981, I, 28; 2, 357ff.; Ziller 1986, 64.

DISTLHOF, E, G Abtenau (Seetratten)
D: [distl]
U: **1498-1566** *Item de Tünstlrewt*; **1562** *Tünstllehen*; **1604** *Guetl Tünstlhof* (alle Bel. Gfrerer 1981, II, 389f.)
E: vermutlich zu mhd. *tunst, tünsten* ‘Dunst, dünsten’ (Ausdünstung des Bodens?); WBÖ 5, 1041ff.; Ziller 1986, 63 s.v. *Dienstl* (die von Ziller angenommene Bed. ‘Dienstbube, Jungknecht’ passt zwar zu den Bel. *Dienstl*, nicht aber zu *Tünstl* und nicht zur Dialektaussprache).
L: Gfrerer 1981, II, 389f.; Ziller 1986, 63.

DÖLL(ER)HOF, R, G Abtenau
D: ['delɐhof, 'de:(h)of]
U: **1626** *Töllerschmidt* (Gfrerer 1981, II, 120)
E: unklar; evt. *Dell* ‘Dunst, Dampf, Qualm’ (Schmeller 1, 499; Ziller 1995, 49), der aus dem feuchten Auboden aufsteigt? → *Döller*, HELSON 1, 18
L: Gfrerer 1981, II, 110, 120.

†DORNAU, Gut bei Hallein
***U:* 1254** *predium Dornav iuxta Salinam situm* (SUB IV, 29); **1313** *datz Dornavͦ an einem Wege* (SUB IV, 315, Z. 32), *durich diů gazzen datz Dornavͦ … oder swer der Lehen ze Dornavͤ pauman ist* (ib., 316, Z. 10); **1343** *zwain Lehenn, diuͦ gehaizzen sind Dornavͤ und gelegen sind bei Průnninge* (SUB IV, 459, Z. 23); **1465** *Thomas de Gamp de Curia dicta Dornaw …* (Doppler, MGSL 15, 45).
E: → *-au* mit *dorn* 'Dornen(gestrüpp)'.

DORNERDÖRFL, R, G Kuchl; **†DORNACH** (ÖK 50)
D: ['dɔɐnɐ'dɛɐfɪ]
***U:* 1459** *Jörigen im Dornach* (Doppler, MGSL 14, 106; Prinzinger MGSL 21, 17).
E: 'kleines Dorf' mit mhd. *dorn* 'Dorn' mit Koll.-Suff. *-ahi* 'Dornengestrüpp'; die Verschriftung sollte richtiger *Dornachdörfel* lauten.

DOSER, ZH, G Kuchl (Georgenberg); Hf, G Kuchl (Unterlangenberg);
D: ['do:sɐ; 'raɪsdo:sɐ; 'aɪwɪdo:sɐ]
U: Prinzinger, MGSL 21, 5; Gut Herrnhaus im Grund, heute (1980) das *Dosergut* (*HB Kuchl* 272); Gut Piberstein ob der Tauglbrücke, heute das *Dosergut* (*HB Kuchl* 334).
E: unklar. Die Dialektaussprache widerspricht der Herleitung aus lat. *dorsum*, vlat. *dossum* 'Rücken' (wie in den Tiroler ON *Doss*, ANB 268); evt. zu bair. *dosen* 'einnicken, schlummern, dösen' (WBÖ 5, 201; Ziller 1995, 53), als Übername (auch nicht befriedigend).
L: ANB 268; SONB 37; Lindner 2008, 24; *HB Kuchl* 334.

†DRISCHÜBEL bei Dürrnberg/Hallein
***U:* 1134** *locum qui vulgo vocatur Drischuvil* (F. ca. 1191, SUB II, Nr. 162, 244, Z. 4); **1191** *inter fluvium Swærzinbach et lapidem Drischůvil concluditur cum locis salinariis* (SUB II, 655, Nr. 482).
E: ahd. *driscuf(i)li*, mhd. *drischuvel* 'Türschwelle, Übergang'.

DUFTHOLZ, TUFTHOLZ, R, G Abtenau (Leitenhaus)
D: ['tufthoɪts]
***U:* 1124** *Appenowe â Strubenbergesekke sursum iuxta fluvium Lamere usque Tubfstein usque Joche* (SUB I, 331; SUB II, Nr. 143, 216); **1124** *usque Tvftstein, á Tuftstein usque Loche* (VAR, Kop. 13. Jh., SUB I, 331, Anm. f); **1626** *das Guetl Tufftholz* (Gfrerer 1981, II, 354).
E: *-holz* 'Wald' mit mhd. *tupf-, tuftstein* 'Tuffstein'.
L: Gfrerer 1981, II, 354; Gfrerer 1989, 17.

DÜRLSTEIN, BergN, G St. Koloman
D: [ˈdiɐlʃtɔɐ^{n}]
E: *-stein* 'Felsen, felsiger Berg' mit *türlein* 'Durchgang'.

DÜRN, Hf, G Scheffau (Wallingswinkel)
D: [dɐ 'diɐnaɪ] „der Dürner", Koseform
E: zu *dürr*?

DÜRRFEICHTENALM, Alm, G Kuchl
D: [diɐfaıçt'ɔım]
E: mhd. *viuhte* 'Fichte' mit *durri* 'dürr'.

DÜRRMOOS, Ober-, Unter-, Hf, G Annaberg (Promberg)
D: ['di:ɐmo:s]
U: **1604** *Ober-, Nieder Thiermoß*; **1732** *Ober-, Niederthiermoß*; **1733** *Ober-, Unterthürmoß* (GFRERER 1989, 301 ff.).
E: → *-moos* mit mhd. *tier* 'Wildtier' (im Gegensatz zum Nutzvieh; DWB 11/I, 1, Sp. 374f.); die durchgehende Schreibung mit *th-* macht die Erklärung mit *dürr* (so GFRERER) weniger wahrscheinlich.
L: GFRERER 1989, 301ff.

DÜRRNBERG, BAD, D, G Hallein
D: ['diɐmbɛɐg]
U: **1230/1238** *Dorrenperg* (St. Petr. Urbar); **1257** *infra montem durum*; **1285** *monte sicco* (Bel. nach SONB 121); **1301** *vmb ain Sinchwerich vnd vmb ain Schaftriht ze dem Haellein. auf dem Perig* (Urkunden Nonnberg, MGSL 35, 30); **1304** *min schaftriht in dem niwen perge in der Ramsawe* (SUB IV, 272, Z. 33); **1305** *ietweder seinen perch ze dem Hællen* (SUB IV, 276, Z. 15); **1307** *daz wir in unsern obern pergen datz Pfaffenhousen unser ietweder ein sinchwerich bauwen* (SUB IV, 290, Z. 12); **1307** *Hatmar ab dem Dvrrenperig* (SUB IV, 290); **1308** *in unserm perig* (SUB IV, 292, Nr. 251); **1309** *auf dem perge, der da haizet Dürren-perch* (SUB IV, 299, Z. 2); **1311** *datz Pfaffenhousen in unsern perigen* (SUB IV, 300, Z. 26); **1323** *der vorgenanten abtessin perig datz dem Hallein auf dem Durnperg* (SUB IV, 344, Z. 15), *Hadmar ab dem Durnperg* (ib.); **1330** *auf dem Turrenperge ze Hellein* (SUB IV, 391, Z. 13); **1391** *Mons aridus* (Bel. nach SONB 121); **1449** *auf dem Dürrenperg* (2x) (Ju i. Or. 1454, DOPPLER, MGSL 14, 58); **1459** *Her Hanns Cappellan auff dem Türrnperg* (DOPPLER, MGSL 14, 104); **1483** *vnser lieben frauen gotzhaus auf dem Dürrenperg* (DOPPLER, MGSL 16, 215); **1497** *V.L. Fr. gotzhaus auf dem Durrenperg* (DOPPLER, MGSL 16, 343), *… casparn abm Durrenperg tochter* (ib., 345); **1525** *ober den Durenperg* (SPATZENEGGER, Bauernkrieg, MGSL 16, 162); vor **1615** *Hällein am Thirnperg* (HAUTHALER, MGSL 13, 27); vor **1620** *Thüernberg* (ib.).
E: → *-berg* mit lat. *aridus, durus, siccus*, ahd. *durri* 'dürr, trocken, mager, hart (bezogen auf die Vegetation)'; das Simplex *berg* bezieht sich auf ein Bergwerk (Bergbau); zu *schaftriht* = *schahtriht* vgl. LEXER, Mhd. Wb. s.v. Vgl. → *Dürnberg*, G Elixhausen, Seeham, HELSON 1, 19.
L: SONB 121f.; HELSON 1, 19; KOLLER 1976, 36ff.; MOOSLEITNER 1989, 254-270; ZILLER 1982, 80.

DÜRRSTEIN, R, G Abtenau (Rigaus)
D: [diɐ'ʃtɔɐ^{n}]
U: **1336** *guot, ... haist Turrenstain* (Urkunden Nonnberg, MGSL 36, 16)
E: → *-stein* 'Stein, Berg' mit ahd. *durri* 'dürr, trocken'.
L: SONB 130.

E

†**EBERWEIN** Gut in der Taugl, vgl. → *Steiner, Steineberwein*
U: **1435** *Eberwein auf dem Stain in der engen Taukel* (PEZOLT, MGSL 40, 165).
E: PN *Eberwîn.*

EDGUT, EDT, G Golling (Torren); W, G Abtenau (Salfelden)
D: [ɛ:d]
U: **1486** *guet ... gelegen ... Im Kucheltal enhalb der Saltzsach genannt zu öd ... hat yetz Inn michel zu öd* (DOPPLER, MGSL 16, 232); dazu Außenvermerk *Gut Edt in Torren Pfarrkirch Kuchl Urbar*; **1891** *am linken Salzachufer, gegenüber Mündung der Lammer in die Salzach, beim Edgut* (FUGGER, MGSL 31, 255).
E: → *-öd* 'Einöde'.

EGELSEE, Hf, G Abtenau (Erlfeld)
D: ['ɛ:glsɛ]
U: **1230, 1272** *Egelmos*; **1325** *Gotschalk de Egelsew* (GFRERER 1981, II, 151).
E: *-see* mit mhd. *ëgele* 'Blutegel', vgl. → *Eglsee*, HELSON 1, 21.
L: GFRERER 1981, II, 151f.

EGELSEEALM, Alm, G Abtenau (Wegscheid)
D: [ɛ:glsɛ'ɔɪm]
E: *-see* mit mhd. *ëgele* 'Blutegel'.

†**EGERDACH, EGERTLOH(EN)** ob Vigaun (heute → **WEINLEITEN**, W, G Vigaun)
U: **1150** *Willihelmus de Egerdahe* (Urkunden Nonnberg, MGSL 35, 8); **1212/1312** [1382] *guet ze Egertlach* (C 14. Jh., Nonnberger Urbar, DOPPLER, MGSL 23, 50); ca. **1334** *Egerlach* (C 2.H.14. Jh., ib., 102); **1405** *Egertlohen* (ib. 50); **1531** *Jorig Wetzer zu Egertlehen* (in Kuchler Pfarr in Gollinger Gericht; Urkunden Nonnberg, MGSL 40, 261); **1325** *ein gût datz Egerdach* (SUB IV, 357, Z. 35).
E: mhd. *egerde, egerte* 'Brachland, Grundstück, das bei Wechselwirtschaft (Dreifelderwirtschaft) rastet' (WBÖ 5, 1333ff.), erweitert durch das Koll.-Suff. *-ahi*, bzw. GW zu mhd. *lôch* 'Gebüsch' (im Bel. 1531 umgedeutet zu *-lêhen*).
L: *Vigaun* 1990, 204.

EGG, R, G St. Koloman; E, G Vigaun
D: [ek]
U: **1459** *Chuncz am Egk* (DOPPLER, MGSL 14, 106); **1497** *Fritz am Egkh* (DOPPLER, MGSL 16, 338).
E: → *-eck.*

EIBL, W, G Vigaun (Riedl); Hf, G St. Koloman
D: ['aɪwɪ]
U: **1525** *Älbl* (RETTENBACHER 1982, 439).
E: mhd. *älbel*, Dim. von *albe* 'Alm', weniger wahrscheinlich Dim. des PN *Alban.*
L: *Vigaun* 1990, 214; ZILLER 1986, 72.

EIBLECK, BergN und Alm, G Krispl (Gaißau)
D: [aɪwɪ'ek, 'aɪwⁱek]
E: → *-eck* mit *Älbel* 'kleine Alm'.

EICHHORN, G St. Koloman → *Aichhorn*

EINBERG, BergN, Hf, G Abtenau (Rigaus)
D: ['aɪⁿbɛɐg]
U: **1336** *item an dem Erigenperg ein gůt* (SUB IV, 428); **1562** *Einperger*; **1604** *Gut Einperg* (Bel. nach GFRERER 1981, II, 557).
E: Die naheliegende Erklärung (→ *-berg* mit mhd. *ein* 'allein', d.h. 'alleinstehender Berg', so ZILLER 1986, 72) scheitert an der Dialektaussprache, die durch die histor. Belege bestätigt wird (nie **Ain-*). Das Erstglied ist vielmehr mhd. *în-* 'hinein' und bezieht sich auf die Lage im Tal des Rigausbachs. Der Erstbeleg, im Reg. von SUB IV hier zugeordnet, kann kaum hierher gehören (oder ist stark entstellt).
L: GFRERER 1981, II, 557f.

ELENDGRABEN, R, G Rußbach
D: ['elənt(s)grɔ:m]
E: mhd. *grabe* 'Graben' mit mhd. *ellent* (ahd. *elilenti*) 'aus einem anderen Land, fremd' = „in der Einschicht".

ELIESEN, E, G Kuchl (Gasteig); **ELIASGUT** bei Sulzgraben
D: [ɛ'li:əsn]
E: PN *Elias*.
L: PRINZINGER, MGSL 28, 179; *HB Kuchl* 381.

ENGELHARDT, R, G Scheffau; Hf, G Vigaun
D: ['ɛŋglhɔɐxtɐ]
U: **1440** *Peunt, genannt die Engelhartin in der Kuchlerpfarre* (PEZOLT, MGSL 40, 165).
E: PN *Engelhart.*
L: *Vigaun* 1990, 199.

ERLAUER, E, G Abtenau (Unterberg)
D: [iɐ'laʊɐ]
E: → *-au* mit mhd. *erle* 'Erle'.
L: GFRERER 1981, II, 213f.

ERLBACH, W, G Rußbach (Gseng)
D: ['iɐlbɔ:(x)]
E: → *-bach* mit mhd. *erle* 'Erle'.

ERLFELD, Hf, G Abtenau (Erlfeld)
D: ['iɐlfɛɪd]
U: **1230** *uf der Lyten*; **1325** *Chunr.d. Leyten*; **1626** *Hindterleutn oder Erlfeld*; *das Guett Hindterleutn insgemein Erlfeld genannt* (Bel. nach GFRERER 1981, II, 142f.).
E: usprgl. mhd. *lîte* 'Leite, Abhang', später → *-feld* mit *Erle.*
L: GFRERER 1981, II, 142f.

ETZ, ZH, G Scheffau (Wallingwinkel)
D: [ets]
U: **1459** *Wolfgangen an der Etz* (DOPPLER,

MGSL 14, 106).
E: mhd. *etze* 'Weideplatz'.

F

FAGER, Ober-, Unter-, W, G St. Koloman
D: [ˈfɔ:gɐ]
U: **1348** *Rudbertus auf der Vager*; **1525** *Conradus Vagerer* (RETTENBACHER 1982, 439).
E: ahd. *fagar* 'lieblich, schön', *fagarî* st. f. 'Schönheit, Lieblichkeit'. Entgegen der in HELSON 1, 26 gegebenen Erklärung (vlat. *fagora* 'Buchenbestand') ziehe ich jetzt die Erklärung mit *fagar(î)* vor; tatsächlich zeichnet sich die Taugler *Fager* (wie auch die Elsbethener) durch ihre schöne, offene, waldfreie Lage aus. Dass die schöne, offene Lage ein Benennungsmotiv sein kann, wird durch die ON *Schönberg* im Flachgau und → *Sommerau* erwiesen (HELSON 1, 115f., 120).
L: SONB 131; HELSON 1, 26.

FAGERSTEIN, -WAND, Felswand und Felsblock mit magischen Einritzungen oberhalb und bei der Wilhelmskapelle, G St. Koloman.
D: [ˈfɔ:gɐʃtɔɐ^{n}, -wɔnd]
U: **1243** *Vagerstain* (ZILLNER, MGSL 21, 56, Anm. 3).
E: nach der Lage oberhalb des Weilers → *Fager.*
L: WATTECK 1976, 159-174; RETTENBACHER 1982, 206-210.

†FAISTELAUER WALD, FlurN, G Vigaun/Kuchl, heute → *Tauglwald*
D: [fɔɐstlˈaʊ]
U: *Faistelauer Wald* bei Hallein (MGSL 3, 200), *Faistelau* bei Vigaun (MGSL 19, 97-118; 21, 88).
E: *-au* mit mhd. *veizet* 'feist, dicht', d.h. 'dichter Waldbestand', der die Reste des großen (frühmittelalterlichen) Bergsturzes vom Abhang links der Salzach (Rossfeld) überdeckt, vgl. → *Plaick.*
L: MGSL 19, 97ff. (PRINZINGER); MGSL 21, 185; *Vigaun* 1990, 22.

†FALKENSTEIN, Raum Scheffau
U: **1243** *Valckenstein* (ZILLNER, MGSL 21, 56, A. 3). Fraglich wo; im Raum Fagerwand, Schwarzenberg, Scheffauer Sonnberg bis zur Lammer. Vielleicht der „Lamerstein" südlich von Scheffau (heute bei Scheffau auch: *Hühnerkopf, Rabensteinkopf*).

†FEICHTENBACH, WaldN, Taugl?
U: **1244** *silvam nomine Vevhtenpach* (SUB III, 592, Z. 6); **1336** *zwo werichstet in dem wald, der genant ist der Vevhtenpach, und haizzent die werichstet der Tieffenbach und der Duitenbeich* (SUB IV, 429, Z. 16), nach Raitenhasl. UB 597f. *der Tieffenbach vnd der Dirrenberch* (Var. *Duͤrrenbach*).
E: *-bach* mit mhd. *viuhte* 'Fichte' (*werichstet* 'Werkstätten' = Bestehholzrechte). Vgl. *Tiefenbach*, STRABERGER 1974, 122.
L: STRABERGER 1974, 13f.

FEICHTENBAUER, E, G Kuchl (Georgenberg)
D: ['faıçtnbaʊɐ]
U: **1190** *suo predio Fiuhtên apud Chucheln sito* (SUB II, 640, Nr. 473).
E: mhd. *viuhte* 'Fichte'.
L: HELSON 1, 27.

FELDL, D, G Vigaun
D: [fɛıdl]
E: 'kleines Feld'.

FILIND, ZH, G Puch
D: [fi:'lint]
E: Adv./Präp. *für* 'vor' mit *Linde* (in geschützter Lage)?

FIRST, HOHER, BergN (1718 m), G St. Koloman; G Abtenau
D: [fiɐʃt]
E: firstähnlicher markanter Gipfel.

FISCHBACH (-SAAG, -REIT), W, R, G Abtenau
D: ['fiʃbɔ:]
E: → *-bach* mit (vielen) *Fischen*.
L: GFRERER 1981, II, 259ff.

FLARN, E, G Abtenau (Gseng)
D: [fla'n]
E: unklar; evt. zu mhd. *vlæjen, vlöuwen* 'spülen, waschen; sich hin- und her bewegen'; vgl. auch SCHMELLER 1, 783.
L: GFRERER 1981, II, 509f.

†FLATSCHENGUT, G Adnet (Spumberg)
U: **1350** *Flatzschaer* (U 6, ZILLER 1986, 83); **1393** *datz Flätzner* (DOPPLER, MGSL 12, 265); **1400** *Flatschenperg* (U 7, ZILLER 1986, 83).
E: roman. *vallacia* 'hohes, wildes Tal' (FINSTERWALDER 1978, 278; FINSTERWALDER 1990-95, 1139, 1185); ein roman. FlurN ist am Spumberg oberhalb von Adnet gut denkbar. Anders ZILLER 1986, 83: *Flatscher* 'Spängler, Schlosser, einer, der Flaschen aus Metall herstellt'; ein solches Wort ist aber nirgends belegt. Dies und auch der Sekundärumlaut *ä* spricht entschieden für die roman. Etymologie.
L: ZILLER 1986, 83.

FLICHTLHOF, W, G Abtenau
D: [fliçtl]
U: **1331** *Flüchtel* (?); **1626** *Flichtlhoff* (GFRERER 1981, II, 125).
E: unklar.
L: GFRERER 1981, II, 125.

FLÖTZ, Hf, G Krispl
D: [fletz]
E: mhd. *vletze* 'flacher Boden; Stubenboden'; SCHMELLER 1, 800: 'der Boden, der Grund'.

FORMAU, R, Sdlg, G Adnet
D: [fɔɐ'maʊ]
E: *-au* mit mhd. *varm, varn* 'Farnkraut'.

FRAUENLOCH, FlurN bei Abtenau (Tennengebirge)
D: ['fraʊnlo:(x)]
E: Höhle der sagenhaften *Wildfrauen.*
L: GFRERER 1981, I, 18; vgl. ZILLNER, MGSL 2, 57; HACKEL 1925, 147f.

†FREIMOOS → *Moos*
U: **1238** *Wernherus miles de Lengenvelt ecclesiam apud turrim suum Vrimos pro remedio anime sue construens* (Kop., SUB III, 489, Nr. 936); **1285** (Rundsiegel:) *S WERNHERI DE TURRI* (SUB IV, 145, Anm. g); **1289** *Wernher von dem Tvrn* (SUB IV, 178, Z. 13).
E: → *-mos* mit *vrî* 'frei, offen'; unklar, ob *Vrimos* eine ältere Bez. von → *Moos* ist.
L: ZAISBERGER/SCHLEGEL 189.

†FREUDENBERG, Stollen, Dürrnberg
U: **1371** *Frewdenperg* (KLEIN, MGSL 101, 140, Anm. 6); **1449** *in den Pergen auf dem Dürrenperg ... im freudenperg* (In I. Or. 1454, DOPPLER, MGSL 14, 58); **1458** *Frewdemperg* (In i. Or. 1460, DOPPLER, MGSL 14, 142); (**1576**) *Freidenberg* (Chronik, Dat.?; 1808 gedruckt; KLEIN, MGSL 101, 139); [vgl. **1442** *Jorg Freydenberg der Taschner ze Salczburg* (DOPPLER, MGSL 14, 7)]; **1577** *Freydenperg* (KLEIN, MGSL 101, 140).
E: → *-berg* mit *vröude* 'Freude' (vgl. → *Freisaal*, HELSON 1, 30f.)

FRUNSTBERG, BergN (1673 m), G St. Koloman
D: [dɐ frunst]
E: unklar.
L: ZILLER 1982, 83; LINDNER 2008, 33.

FÜRSPANNER, ZH, G Scheffau (Oberscheffau; AV-Karte Tennengebirge: *Vorspann*)
D: ['fiɐʃpɔnɐ]
E: einer, der für die Bewältigung der steilen Straße durch die Lammerklamm bei Oberscheffau *Vorspann*dienste leisten musste; SCHMELLER 2, 673; DWB 4, I, 1, Sp. 829.

G

GADORTEN, OBER-, UNTER, W, G Adnet (Spumberg); E, G Vigaun (Rengerberg)
D: [gɐ'duɐ(x)tn, -dɔɐ(x)tn]
U: **1350** *Gadart* (SONB 117)
E: unklar; für einen roman. ON würde die Lage des Weilers und die Betonung des Namens sprechen, aber ein passendes Etymon fehlt. Die vorgeschlagenen dt. Erklärungen (mhd. **gedorrede* 'Dürrach, Ort mit verdorrtem Baumwuchs' [VON GRIENBERGER 1886, 32f.]; Komp. aus mhd. *gadem* 'Haus, Hütte' und *ort* 'Ende' [SONB 117 (ZILLER)]) sind m.E. ganz unwahrscheinlich.
L: SONB 117; VON GRIENBERGER 1886, 32f.; *Vigaun* 1990, 225; LINDNER 2008, 34.

GAIßAU, D, G Krispl (Bezeichnung des ganzen Tales)
D: [gɔɐˈssaʊ]
U: **1241** *aput Gaîzzoẅe* (SUB III, 516, Z. 13); (**1245**) *possessione emenda in der Gaizowe* (SUB III, 605, Nr. 1058a); (**1245**) *feodum in Gaizzoẅe* (SUB III, 606, Nr. 1058b); **1245** *feodum in Gaizzoẅe* (SUB III, 607, Z. 17); **1299** *daz gericht in der Gaizzow° und die vogtay* (SUB IV, 248, Z. 13); **1304** *daz geriht in der Gaizzow* (SUB IV, 271, Z. 23); **1326** *Maierseben in der Gaizzow* (SUB IV, 364, Z. 10); **1331** *daz reht, daz wir in der Gaizzawe haben* (SUB IV, 398, Z. 32); **1370** *in der Gaizzaw in dem Chucheltal* (AUR 1370 VII 31).
E: → *-au* mit mhd. *geiz* 'Ziege' = „Weideland für Ziegen".
L: SONB 158.

GALLENGUT, R, G Kuchl (Weißenbach)
D: [gɔɪn]
U: **1369** *La(e)ffrawt*; *Laufreit*; Besitzer **1490** / **1497** *Leonardus Goldner, Georgius Goldner*; **1510** *Gallus (Gol) Müsel* (*HB Kuchl* 366).
E: unsicher; HofN aus FamN *Goldner* oder PN *Gallus* (junger HofN, ursprgl. → *-reit* zu einem Gut *Lauf*)?
L: *HB Kuchl* 366.

GAMP, R, G Hallein
D: [gɔmp]
U: **788-790** (C M. 12. Jh.) *villula nuncupante Campus, Romanos cum mansos tributales XXX* (LOŠEK NA 5, 3); **798-814** *villam nuncupatam Campus cum manentibus XXX* (C E. 12. Jh., LOŠEK BN 11, 2); **1090-1104** *De Campa* (Tr., SUB I, 310; 311); **1167-1193** *Chunradus de Gampe* (C M. 13. Jh., SUB I, 559, Z. 22); **1325** (F. ca. 1470) *Chunrat daz Gamp* (SUB IV, 355, Z. 8); **1326** *predium in Kamp iuxta Salinam* (SUB IV, 363, Z. 28); **1465** *Thomas de Gamp* (DOPPLER, MGSL 15, 45); **1567** *auf Gampp* (WICHNER, MGSL 36, 203).
E: lat. *campus* 'Feld', Ort eines römischen Gutshofes, eingedeutscht nach dem 9. Jh., Substitution des roman. *c-* durch ahd., mhd. *g-* seit dem 13. Jh. (1167-1193, C 13. Jh.) bezeugt.
L: ANB 396; SONB 44; KOLLER 1976, 11ff.; REIFFENSTEIN 1996, 1002; LINDNER 2008, 25.

GARNEI, KG, G Kuchl
D: [gɔɐˈnaɪ, guɐ-]
U: **1212/1312 [1382]** (C 14. Jh.) *guet auf der Gurney* (Nonnberger Urbar, DOPPLER, MGSL 23, 51); ca. **1334** (C 2.H.14. Jh.) *pellifex de Gurnei* (ib., 103); **1393** *ain gütel in der gurney* (DOPPLER, MGSL 12, 266); **1459** *ain Guetel auf der Gurnei, das yetz Hanns Scheuffel, Görg Dietel vnd Michel pfarrel Innhaben ...gelegen in dem Kucheltal* (DOPPLER, MGSL 14, 125), *Staudach auf der Gurnei* (ib.).
E: lat. *cornalis* 'Kornelkirsche, -kirschenbaum'. Der ON wurde spät eingedeutscht (*g-* für lat. *c-*, bewahrte Endbetonung); der Aussprache [-aɪ] liegt *-äl* < *-alis* zugrunde (vgl. → *Gneis*, HELSON 1, 39).
L: SONB 44; REIFFENSTEIN 1996, 1002; LINDNER 2008, 25f.

GASSNER, E, G Adnet (Wimberg)
D: ['gɔssnɐ]
E: 'der an der Gasse'.

GASTEIG, KG, G Kuchl; W, G Puch (die Belege sind den zwei Örtlichkeiten nicht sicher zuordenbar)
D: ['gɔʃtaɪg, 'gɔʃteg]
U: **1199 – 1231** *predium quoddam Gastaige dictum* (Tr., SUB I, 501, Z. 7); **1245** *Heinricus de Gastaige* (SUB III, 606, Nr. 1058b; u. 607, Z. 38); **1325** (F. ca. 1470) *Iacob Geiselher am Gestaig* (SUB IV, 354), *Siboto von Gastaig* (ib., 355, Z. 6); **1426** *Nycla der Gastager purger ze dem Hällein* (DOPPLER, MGSL 13, 94).
E: mhd. *stîg* 'Steig, Weg' oder mhd. *steige* 'Steigung' mit mhd. *gæhe* 'jäh, steil, dial. *gach*', häufiger FlurN für markante Wegsteigungen. Die Schreibungen *-staig* sprechen für *steige*.
L: ANB 402; SONB 172f.; HELSON 1, 34.

†GEBHARTSLEHEN, in der Abtenau
U: **1241** *Gebhartslehen* (WALZ, MGSL 7, Anh.13); **1241** *beneficia Appeno^v sita ... Gebhartshoff* (SUB III, 523, Nr. 974).
E: PN *Gebhart*.

GEORGENBERG, KG, G Kuchl
D: [gə'ɔɐgŋ'bɛɐg]
U: **1243** *mansum dimidium sub monte sancti Georgii iuxta Chuchel* (SUB III, 556; 557, Z. 7; 564, Nr. 1014); **1435** *Löverlehen ... vnder Sand Jörgen perg* (DOPPLER, MGSL 13, 113); **1440** *St. Jörgen-Berg* (PEZOLT, MGSL 40, 165); **1881** PRINZINGER, MGSL 21, 9: „das Volk nennt ihn das *Dirnbergl* (*Dürnbergl*)"; heute nicht mehr belegbar.
E: nach der Kirche St. Georg auf dem markanten Felshügel, der → *Kuchl* seinen Namen gab.
L: ZAISBERGER/SCHLEGEL 171; *Georgenberg* 2014.

GERER, Hf, G Annaberg
D: ['gɛ:rɐ]
U: **1411** *Ain gut in der Abtenaw genant der Geer* (DOPPLER, MGSL 13, 46)
E: mhd. *gêr* 'Speer', danach 'Keil, keilförmiges Stück Land' (WMU 653); der Hof liegt im Zwickel zwischen Lammer und Rau(ch)enbach.
L: GFRERER 1989, 226.

GFATTERHOF, Hf, G Abtenau (Rigaus)
D: ['kfɔtɐhof]
U: **1331** *Gevaterhof* (GFRERER 1981, II, 560); **1450** *Jacob Geuatterhoffer ... In der Abtenaw* (Urkunden Nonnberg, MGSL 38, 206); **1498-1566** *Gvatterhof*; **1562** *Guet Gfatterhof* (GFRERER 1981, II, 560).
E: → *-hof* eines *Gevatters*, Paten.
L: SONB 102; GFRERER 1981, II, 560f.

GIMPL, W, G Puch
D: ['gimpɪ]
U: **1459** *Jacoben Gümppl* (DOPPLER, MGSL 14, 106); *Jörigen Gümpl* (ib.).
E: Kurzform des PN *Gumpold* o.ä.
L: ZILLER 1986, 96.

GITSCHENWAND, BergN (1527 m), G St. Koloman
D: [ˈgitʃnwɔnd]
E: keltorom. **kuk-inu* 'Bergkuppe' (*kuk-* wie in *cucullus* →*Kuchl* mit Diminutivsuff. *-inus*), vgl. → *Gitzen*, HELSON 1, 36f.
L: LINDNER 2008, 34.

GMERK, R, G Hallein (Dürrnberg)
D: [gmiɐk]
U: **1147-67** *Ebberhardum minsterialem sancti Petri de Mirke* (Tr., SUB I, 437, Z. 2); **1266** *Heinricum Mercher* (SUB IV, 56, Z. 11); **1268** *Leone auf dem gemerche* (SUB IV, 61, Z. 9); **1270** *metas in monte nostro super Hellinum iuxta domum avf dem gemerche vulgariter nominatum sitas* (SUB IV, 66, Nr. 68; ZILLNER, MGSL 22, 127); **1306** *Herman ab dem Gemerch* (SUB IV, 282, Z. 17); **1309** *ir gemerche in unsern perch* (SUB IV, 298, Z. 5); **1459** *Rupprecht Gmerkcher burger zum Hällein* (DOPPLER, MGSL 14,109).
E: mhd. *gemerke* 'Grenze, Gemarkung'; bemerkenswert ist, dass schon der Erstbeleg von 1147-67 die dialektale Hebung von *e* (Primärumlaut) > *i* vor *r* belegt (wie in [fiɐtɪg] 'fertig' usw.), ein früher und vereinzelter Beleg der Verschriftung dieser dialektalen Lautung.
L: ANB 421; SONB 174.

GÖLL, HOHER, BergN (2522 m), G Golling und Berchtesgaden, Bayern
D: [ge:]
U: **1124/25** *Isti sunt termini silvę ... Gravingadem, ... pertingit ad superius Scrainpach ... et inde usque Gelichen* (Tr.,12. Jh., SUB II, 200, Z. 21); **1156** *ad verticem montis qui Gelich appellatur* (SUB II, Vorbemerkung 199); **1204** (C 16. Jh.) *Gelihe*; **1323** *vom virst* (Eckersattel) *vntz Gelichshöh* (Urbar St. Peter, KOLLER 1976, 34); **1566/67** *Geling*; **ca. 1620** *Gölch*; **1699** *Göll* (Belege nach VON REITZENSTEIN 1991, 92).
E: Der BergN wird von ZILLER und V. REITZENSTEIN von lat. *calix* 'Kelch' abgeleitet, was lautlich nicht möglich ist (die Substitution von lat. *c-* durch ahd. *g-* erfolgt nicht vor dem 9./10. Jh., die Verschiebung von *-c, -k* > *-ch* ist hingegen ein Prozess des 7./8. Jhs. Beide Prozesse können nicht in einem Wort, d.h. gleichzeitig, vor sich gegangen sein. Bei früher Übernahme von lat. *calix* ins Deutsche war das Ergebnis ahd. *kelih* 'Kelch'. Eine Eindeutschung nach 800 hätte wahrscheinlich **galig* ergeben, vgl. das Verhältnis von → *Kuchl* und → *Gugelan*). Lautlich und semantisch befriedigender ist die schon von GRIENBERGER 1886, 37f. erwogene Herleitung des BergN *Göll* (wie des ON → *Golling*) von urslaw. **galъ* 'kahl' mit dem Lokativ-Plural-Suff. *-jachъ* 'bei/in der kahlen (Gegend)' (BLASSNIGG); die Eindeutschung müsste spätestens im 8. Jh. erfolgt sein, als das slaw. *a* noch nicht zu *o* verdumpft war und der ahd. Umlaut des *a* noch den Primärumlaut *e* bewirkte. Der Schwund des [x] ist ein in den mbair. Dialekten seit dem Spätmittelalter sehr verbreiteter Vorgang. Die Schreibung <*ö*> für [e] (zur Unterscheidung von <*e*> für [ɛ]) ist seit dem 17. Jh. üblich. Semantisch

passt „kahl“ für den mächtigen Kalkstock des Hohen Göll, vor allem von Kuchl – Golling her gesehen, sehr genau. ***L:*** ANB 425; von Grienberger 1886, 37f.; Ziller 1982, 85f. (verfehlt); von Reitzenstein 1991, 92; Reiffenstein 1991b, 60; Lindner 2008, 34; *Göll* 2011; Julian Blassnigg (brieflich, 2016).

GOLLING, Markt

D: [ˈgo:lɪŋ], altmdal. [ˈgɔ:lɪŋ]
U: **1241** *molendinum situm iuxta Golingen* (SUB III, 516, Z. 19); **1244** *Dat. huius aput Golingen* (SUB III, 591, Z. 5); **1255** *Actum Goling* (Kop., SUB IV, 31, Nr. 34); **1325** *di veste ze Goling* (SUB IV, 357, Z. 31); **1384** *in Galing* (Doppler, MGSL 12, 235); **1384** *Capellen ze Galigen* (2x) (ib., 236); **1384** *Galigen* (Prinzinger, MGSL 21, 2); **1390** *Purger ze Galigen* (Doppler, MGSL 12, 249), *ze Galign in dem Markcht* (ib.), *ze Galign* (4x) (ib.); **1404** *ze galing* (Doppler, MGSL 13, 18), *galing in dem Markcht* (ib.); **1409** *Richter ze Galigen* (Doppler, MGSL 13, 41); **1435** *In Galinger gericht* (Doppler, MGSL 13, 110); **1448** *Golingen* (AUR 1448 XI 29); **1458** *zu Goling* (Doppler, MGSL 14, 99); **1459** *zu Galing* (Doppler, MGSL 14, 105); **1460** *Pfleger zu Galing* (Doppler, MGSL 14, 133); **1465** *in Prefectura Goling* (Doppler, MGSL 15, 45); **1478** *das guet zu golling* (Doppler, MGSL 15, 136); **1483** *das guet zw gallgen* (Doppler, MGSL 16, 215), *In gallgner gericht* (ib.); **1486** *Goling* (AUR 1486 III 08); **1500** *Goling* (AUR 1500 I 10); **1532** *in Gollinger gericht* (Urkunden Nonnberg, MGSL 40, 261); **1533** *gollinger landgericht* (ib., 262); **1534** *Goldinger landgericht* (Urkunden Nonnberg, MGSL 40, 262); **1535** *ze Golding* (Urkunden Nonnberg, MGSL 41, 49); **1547** *Golinger landgericht* (Urkunden Nonnberg, MGSL 41, 62); **1548** *Gollinger gerichts* (ib., 64).
E: Es gibt zwei Erklärungen des ON *Golling*. a) Es ist naheliegend, an eine altbair. *-ing*-Ableitung von einem ahd. PN zu denken; tatsächlich tun dies Kouril (1950, 205) und das SONB 76. Auch Wiesinger 1994, 157, Karte 3 weist Golling als alten *-ing*-ON aus. Aber die Schreibungen *Galigen, Galing* seit dem 14. Jh. und die altdialektal. Aussprache [ˈgɔ:lɪŋ] widersprechen einer Etymologie PN **Golo- + -ing*. Zudem wäre *Golling* der einzige bair. *-ing*-ON im Salzburger Becken südlich von *Liefering* und *Itzling* (außer → *Puch* gibt es dort sonst keine alten deutschen ON für Ortschaften).
b) In Anlehnung an den BergN → *Göll* lässt sich auch *Golling* als eine Ableitung von urslaw. **galъ* ‘kahl’ + Suff. *-īku* (*-ikъ*) / *-īka* erklären (zum Suffix Bergermayer 2005, 17). Auszugehen ist wieder von einer frühen Eindeutschung noch vor der slaw. Verdumpfung von *a* > *o* und von später bair.-dialektaler Verdumpfung des *a* > [ɔ], <o>. Eine Parallele stellt der BergN *Hochgolling* im steir. Ennstal dar (1556, 1571 *am hohen Galling*, MGSL 24, 167, 171). Für das Suffix ist slaw. *-īku (-ikъ) / -īka* > ahd. **-ich(a)* anzunehmen, das seit dem 14./15. Jh. wie in vielen vergleichbaren ON durch *-ing(en)* ersetzt wurde. Die

Entwicklungsstufe **Golicha* ist zwar nicht belegt, aber mit guten Gründen erschließbar. Benennungsmotiv sind die kahlen Kalkberge südl. und westl. des Ortes. Da es südlich des Riegels der Nördlichen Kalkalpen (Tennengebirge) im Pongau eine durch die Geschichte der Maximilianszelle (Pongau/Bischofshofen) und durch viele ON im Fritz- und im Ennstal gesicherte slaw. Siedlung gab, ist ihr Ausgreifen über den Sattel von St. Martin ins Lammertal (→ *Lungötz, Radoch*) und über den Pass Lueg ins Salzachtal (→ *Golling, Jadorf*) durchaus erwartbar. Bestätigt wird das auch dadurch, dass die Abtenau und das Gericht Golling bis ins Spätmittelalter dem „Land inner Gebirg", d.h. dem Pongau zugezählt wurden (DOPSCH/SPATZENEGGER 1, 621f.).
L: SONB 76; VON GRIENBERGER 1886, 37f.; KOURIL 1950, 205; REIFFENSTEIN 1991b, 60; LINDNER 2008, 34f.; JULIAN BLASSNIGG (brieflich, 2016). – Vgl. auch *Golling* 1991.

GOLLINGER WASSERFALL
D: ['gɔliŋɐ 'vɔssɐfɔɪ, üblicher to'rɛnɐ 'vɔssɐfɔɪ]
U: **1323** *von Gelichshöh auf Swaertzenbachgeval* (Urbar St. Peter, KOLLER 1976, 34); **1444** *Nicla enhalbn des wasser in Kuchler pfarr* (DOPPLER, MGSL 13, 15).
E: Wasserfall des → *Schwarzbaches* bei Golling.
L: STRABERGER 1974, 107.

GOLS, R, G Oberalm (Vorderwiestal); Hgr, G Puch (St. Jakob)
D: [goɪs]
E: lat. *collis* 'Hügel', häufiger FlurN; vgl. HELSON 1, 40.
L: KLEIN 1967, 49-55; REIFFENSTEIN 1996, 1004; LINDNER 2008, 26f.

GOSAUKAMM (Salzburger Dolomiten) Jüngere (touristische) Bezeichnung der Kette von schroffen Kalkbergen vom Donnerkogel bis zur Bischofsmütze, an der Grenze von Oberösterreich (Gosau) und Salzburg (Annaberg). Die ältere Bezeichnung *Stuhlgebirge* ist nicht mehr üblich, vgl. → *Stuhlalm*.

GÖTSCHEN, BergN (930 m) an der Staatsgrenze bei Kaltenhausen, G Hallein
D: [getʃn]
U: **1449** *perg genannt der Götschen*; **1706** *zu den Hohen Götschen oder Götschen Kopf* (VON REITZENSTEIN 1991, 150).
E: rom. **coccinu* 'rot'.
L: VON REITZENSTEIN 1991, 150 (die Herleitung von bair. *getschen* 'schwanken' halte ich für kaum zutreffend); LINDNER 2008, 27.

GRIES, Stt, G Hallein
D: [griɐs, gri:s]
U: **1447** *Haws vnd Garten gelegen bey dem Hällein an dem Grieß* (DOPPLER, MGSL 14, 28), *gelegen datz dem Hällein vor der Brugken an dem Grieß* (ib., 29); **1455** *gesessen bey dem Hällein vor der*

Prugken am Gryeß Kuchlär Pfarr (ib., 74).
E: mhd. *griez* 'Sand, Kies am Flussufer', vgl. die *Griesgasse* in Salzburg (am früheren Salzachufer).
L: SONB 132.

†GRIESMEISTERLEHEN, G Vigaun, heute Schuster Trinker
U: **1212/1312** *guet, genant daz Griezz-Maisterisch-Lehen* (C 14. Jh., Nonnberger Urbar, DOPPLER, MGSL 23, 50), *Griesmaisterischen lehen* (ib., 51); **1405** *Grismaisterlehen* (ib., 50); **1494** *auf dem Griesmaisterlehen* (im Amte Vigaun) (Urkunden Nonnberg, MGSL 39, 121).
E: der *Griesmeister* war Oberaufseher am Grießrechen in Hallein (*Vigaun* 1990, 193).
L: *Vigaun* 1990, 192f.

GRIFTERERER, R, G Kuchl (Weißenbach)
D: ['griftɐrɐ]
U: **1325** *Vlrich Grifter unter der Leiten* (F. ca. 1470, SUB IV, 354, Z. 31); **1369** *Vlricus Gruefta(e)rer*; **1560** *Ruprecht Griffter* (Bel. nach *HB Kuchl* 363).
E: unklar; mhd. *gruft* 'Höhle'; bair. *Grift* 'Greifen, Zugreifen, Hand anlegen' (SCHMELLER 1, 992)?
L: *HB Kuchl* 363.

GRILL, Raum Hallein, Adnet, Kuchl; **GRILLBERG**, Hof bei Abtenau (nicht im OV); **GRILLSEITEN**, E, G Scheffau (Wallingwinkel)
D: [gri:]
U: **1325** *ein gůt haizzet datz dem Grillen* (SUB IV, 357, Z. 36); **1460** *Niklas Grill gesessen zu Chel im Kucheltal* (DOPPLER, MGSL 14, 133).
E: Übername für einen mageren Mann, eine *Grille*, z.T. mit Grundwort *-berg, -seite.*
L: SONB 102, 167; ZILLER 1986, 102f.

GROẞEDT, Alm, G Abtenau (Hallseiten)
D: [grɔs'ɛ:dɔɪm]
E: → *-öd* mit *groß*, → *Öd.*
L: GFRERER 1981, II, 414.

GROẞKARL, W; **KARLGUT**, H, G Kuchl (Georgenberg)
D: [(grɔus)khɔɐl]
E: PN *Karl*, z.T. mit *groß.*
L: *HB Kuchl* 263.

GRUB, R, G Adnet; **GRUB** am Riedel bei Hallein (MGSL 21, 8); **GRUB**, G Hallein; **GRUB** in/bei Golling (?); → *Niedergrub*
D: [gruɐb]
U: ca. **1150** *Pertholt de Grube* (Tr. Formbach Nr. 361); **1458** *Hanns Grueber* (DOPPLER, MGSL 14, 99).
E: mhd. *gruobe* 'Bodensenkung, Grube'.

GRUBACH(WIRT), W, G St. Koloman (Oberlangenberg)
D: ['gruɐbɐ(x)]
E: mhd. *gruobe* 'Bodensenkung' mit Koll.-Suffix *-ach.*
L: RETTENBACHER 1982, 446.

GRUBSTEIG, D, G Golling; Hf, G St. Koloman (Oberlangenberg)
D: ['gruɐbʃtaɪg]
U: **1459** *Micheln Grubsteiger* (DOPPLER, MGSL 14, 106); **1478** *ein guet da yetzund Michel gruebsteiger auf sitzt* (DOPPLER, MGSL 15, 136); Außenvermerk zu 1478: *Gut Gruebsteig in Oberlangenberg* (ib.); **1483** *ain guet da yetzo Dienysy grueb-steyger auff siczet ... gelegen ... in Kuchler pfarr vnd In gallgner gericht* (DOPPLER, MGSL 16, 215)
E: mhd. *stîc* 'Steig, Weg' mit *gruobe* = „Weg durch die Bodensenke"
L: RETTENBACHER 1982, 446.

GRÜNWEG, R, G Krispl (Gaißau)
D: ['gri:wək]
E: mhd. *weg* mit *gerüne*, Koll. zu *rone* 'umgestürzte Baumstämme'; vgl. *Grünau* (Faistenau), *Grünberg* und *Krin*, HELSON 1, 44, 69.

GSCHÜTT, PASS (957 m), G Rußbach
D: [s kʃi:d, kʃi:d]
U: **1440** *verkauft ... das Gut auf der Schefbänk in der Ruesbach an das Geschied* (MARTIN Arch., IV, S. 73, Nr. 623); **1530** *zu der linken seiten hinein gegen dem gesyd der Gosach* (Salzburger Waldbeschreibung, GFRERER 1981, I, 63; SONB 132); **1565** *über das geschidt an den Ruesbach* (Erl. z. Histor. Atlas I/1, 1917, 51) ; **1605** *das Gschüdt*; Anf. **18. Jh.** *über den Pass Gschütt*; **1802** *auf den Gschütt* (Bel. nach OBOÖ 6, 1).
E: frühnhd. *Geschid* n. 'Scheidelinie, Grenze' (DWB 4/I, 2, Sp. 3884, Belege aus den Österr. Weistümern; vgl. auch GFRERER 1981, I, 64); *gesyd* (1530) kann Verschreibung für *geschyd* sein. Der *Pass Gschütt* ist der einzige befahrbare Übergang über den Bergrücken, der vom Gosaukamm zum Gamsfeld führt und eine scharfe Grenze zwischen der Abtenau und der Gosau bildet (politische Grenze zwischen Salzburg und (Ober-)Österreich allerdings erst seit dem 16. Jh.). Gegen die Herleitung von mhd. *schüte* 'Anschüttung, künstlicher Erdwall' mit Koll.-Präfix *ge-* (so OBOÖ 6, 1) sprechen die älteren Belege und die Dialektaussprache (nicht *[kʃit]); bei einer Fahrt über den Pass Gschütt habe ich auch keinerlei Anschüttungen, sondern nur dichten Nadelwald wahrgenommen.
L: SONB 132; OBOÖ 6, 1; GFRERER 1981, I, 64.

GSCHWANDT, E, G Abtenau (Hallseiten); Alm, H, G Kuchl (Weißenbach)
D: [kʃwɔnt]
E: Kollektivbildung zu mhd. *swenden* 'zum Schwinden bringen', typisches Rodungswort; vgl. HELSON 1, 45, 117.
L: GFRERER 1981, 402.

GSCHWANDTLEITEN, Hf, G Abtenau (Hallseiten)
D: [kʃwɔnd'laɪtn]
U: **1604** *Guet Leiten* (GFRERER 1981, II, 410).
E: *-leite* 'Abhang, Leite' mit Rodungswort → *Gschwandt.*
L: GFRERER 1981, II, 409f.

GSCHWARALM → *Schwer*

GSENG, R, G Abtenau; R, G Rußbach (großes Rodungsgebiet, das durch die Neubildung der G Rußbach geteilt wurde)
D: [ksɛŋ]
E: Kollektivbildung zu mhd. *sengen* 'verbrennen, durch Feuer roden', typisches Wort für Brandrodung; PFEIFER, EWb. 1280.
L: GFRERER 1981, II, 509ff.

†GSTETTEN, bei Hallein
U: **1485** *Liendl Ehinger dient Järlichen von dem Stadl, pewnten vnd Gärten auf der Gsteten gelegen* (DOPPLER, MGSL 16, 225); **1497** *auf der gstetten* (DOPPLER, MGSL 16, 343), *auf der gstetten* (ib., 345).
E: bair. *Gestette* 'Ufer', Kollektiv zu mhd. *stete* 'Platz, Stätte' (SCHMELLER 2, 798f.; vgl. auch ZILLER 1995, 87); vgl. die *Gstättengasse* in der Stadt Salzburg.

GUGELAN, Alm am Schmittenstein (1236 m), G St. Koloman.
D: [gugˈlɔːⁿ]
U: **788-790** (C 12. Jh.) *alpes ... vocantur Cuudicus et Cuculana, Alpicula et Lacuana monte* (LOŠEK NA 7,8).
E: lat. *alpis Cuculana* 'Kuchler Alm', Adj. zu *Cucullus* '→ *Kuchl*': im Gegensatz zu dem früh eingedeutschten ON *Kuchl* (mit verschobenem an- und inlautenden lat. *c* > ahd. *kh-, -ch-*) ist der AlmN spät (nicht vor dem 11. Jh.) eingedeutscht worden (lat. *c* > *g*, bewahrte Endbetonung). Vgl. noch → *Alpigl.*

L: ANB 460; SONB 42f.; REIFFENSTEIN 1991, 46ff.; REIFFENSTEIN 1996, 1002f.; LINDNER 2008, 37.

GUGLHEIDE, Sdlg, G Oberalm
D: [gu:gl'hɔɐd]
U: **1499** *pewnt auf der Haiden bei Obern Alm* (Urbar, Registrum, SPATZENEGGER, MGSL 9, 65).
E: mhd. *heide* 'unbebautes Land' mit mhd. *gugel(e)* 'Kapuze u.ä.', mlat. *cucullа*; Bedeutung unklar.

GUTRATSBERG, R, G Hallein, Ruine bei Taxach
D: ['guɐdrɐtsbɛɐg, 'gu:d-]
U: **1196-1214** *Choͮno de Guͦtrath* (Tr., SUB I, 737, Z. 31); **1209** *Chuͦno de Guͦtrat* (SUB III, 128, Z. 8); **1215** *Chunonis de Guͦtrat* (SUB III, 195, Z. 3); **1216** *Chuͦnone de Guͦtrat* (SUB III, 199, Z. 4); **1216** *Cvͦno de Gvͦtrat* (SUB III, 205, Z. 21); **1217-1219** *nobilis vir Cvͦno de Gvͦtrat Salzburgensis diocesis* (SUB III, 209, Nr. 698a); **1227** *Chvno senior de Gvͦtrat* (SUB III, 343, Z. 3); **1227** *Chvno de Gvetrat* (Kop.14. Jh., SUB III, 352, Nr. 819); **1234-39** *Karolus de Guetrat* (ZILLNER, MGSL 21, 53); **1266** *Chvͦn von Guͦtrat* (SUB IV, 55, Nr. 55); **1281** *Chvͦn von Gvͦtrat* (SUB IV, 122); **1284** *ze lehen von den Gvtratæren* (SUB IV, 134); **1299** *in castro vel castris Gůtrat* (SUB IV, 246, Z. 17); **1299** *die veste ze Guͦtrat* (SUB IV, 248, Z. 20); **1304** *die Guͦtrader* (SUB IV, 271, Z. 21, 26); **1304** *gelegen an dem purchperg ze Guͦtrad* (SUB IV,

272 = Gutratsberg); **1459** *Prantrewt gelegen vnter Guetrat* (DOPPLER, MGSL 14, 125); **1476** *Fridrich gutrater ausferg zu lauffen* (DOPPLER, MGSL 15, 122); **1594** *Benigna Guettraterin Abtessin zum Nunberg* (MGSL 11, Beilage, 265); **1597** *Lucia Guetraderin* (ib., 278); **1727** *Herrn Joseph Anton Guttrather von Alten Guttrath* (SPATZENEGGER, Einzug 1727, MGSL 15, 222).
E: *-berg* mit dem BurgenN *Gutrat* (heute nur Ruinenreste). Die Bedeutung von mhd. *rât* schließt neben 'Beratung' das weite Feld von 'Hilfe, Fürsorge als Herrenpflicht' mit ein (DWB, Sp. 156-173). In diesem Sinn ist der Burgenname *guot rât* als Anspruch und Versprechen zu verstehen. Die ursprüngliche Aufgabe der Ministerialen von Gutrat bestand im Schutz des nahen Salzabbaus von → *Tufal* für die Salzburger Erzbischöfe.
L: ANB 475; SONB 123; HHS 2, 372f.; KOLLER 1976, 26f.; MOOSLEITNER 1989, 247; ZAISBERGER/SCHLEGEL 162ff.

H

HAARBERG, BergN (688 m), G Golling
D: ['hɔɐbɛɐg]
U: **1130** *silvę terminus ... ex una parte Lamere et ex altera parte eiusdem fluminis Lŷmbach incipit et deorsum ex utraque parte Hartberc finit* (SUB II, 222; vgl. auch SUB I, 331, Z. 9, Vorbem.).
E: *-berg* mit mhd. *hart* 'Wald' (DWB 4, II, 509).
L: ZILLER 1982, 89.

HAARBERG, R, Sdlg, G Scheffau
D: ['hɔɐbɛɐg]
U: **1418** *Haidperg* (U 242/5); **1560** *Hayperg* (U 53a); **1818** *Haberg* (Gen.C.; alle Bel. nach ZILLER 1982, 89).
E: *-berg* mit *heide*, Bestimmungswort bei der Verschriftung 1818 entstellt.
L: ZILLER 1982, 89.

HAARPOINT, W, G Abtenau (Waldhof)
D: ['hɔɐpoɪⁿt]
E: → *-peunt* 'eingefriedetes Grundstück' mit mhd. *har* 'Flachs' = „Flachswiese"; vgl. → *Pfenningpoint.*

†HAICHSTETTEN, Grundstück in Oberalm
U: **1558** *zu haichstetn zu Oberalm* (Urkunden Nonnberg, MGSL 42, 75); **1596** *Wiesgrund genannt die Haichstetten* (ib., 117).
E: → *-stet* mit mhd. *habech,* kontrahiert *haich* 'Habicht' (SCHMELLER 1, 1032f.).

HAIGERMOOS, Hf, G Abtenau (Kehlhof); **HAIGERMOSER**, E, G Kuchl (Gasteig)
D: ['hɔɐgɐmo:s(ɐ)]
U: **1325** *Chunr. de Haygermos*; **1626** *Haigermoß* (Bel. nach GFRERER 1981, II, 155f.).
E: *-mos* 'Moor' mit mhd. *heiger* 'Reiher'.
L: GFRERER 1981, II, 155f.

HALLBERG, Hf, G Abtenau (Rigaus)
D: ['hɔɪbɛɐg]
U: **1498-1566** *Hallperg* (GFRERER 1981, 573).
E: *-berg* mit *hall* 'Saline'; zur Salzgewinnung in der Abtenau vgl. → *Hallseiten.*
L: GFRERER 1981, 573.

HALLEIN, Stadt
D: [ˈhajɐ, s ˈhajɐ] „(das) Hallein", altdial.; [ˈhalaɪn] „bodenständig"; [haˈlaɪn] „bürgerlich", überregional (die historisch unbegründete Endbetonung wohl wegen der vollen Endung)
U: **1198** *in loco qui dicitur Mulpach* (SUB II, 710, Nr. 522); **1206** *ecclesiam in Mulbach* (SUB III, 73, Z. 4); **1207** *saline in Mulbach* (SUB III, 90, Nr. 602); **1210** (C 13. Jh.) *fodinam in Mvelbach* (SUB III, 130, Z. 1); **1210** *patellam unam in Haelle, quod Mulbach dicitur* (SUB III, 131, Z. 6); **1216** *salina de Mulbach* (SUB III, 208, Nr. 696); **1218-32** *civibus in Salina* (SUB III, 235, Nr. 719); **1218** *saumas salis quadroginta apud Mulbach* (SUB III, 237, Nr. 722); **1219** *saumas salis ab hallino nostro in Mulpach* (SUB III, 269, Nr. 744a); **1219** *salis in Salina* (SUB III, 270, Nr. 744b); **1219** *salis in Mulbach* (SUB III, 273, Nr. 746a, Nr. 746b); **1219** (EB Eberhard II schreibt an die): *Hallingensibus* (SUB III, 273, Nr. 746b); **1220** *salina Mulbach* (SUB III, 285, Nr. 756); **1229** *magistrum Iuonem plebanum Hellinensem* (SUB III, 371, Z. 14); **1229** *magister Ivo plebanus Hallinensis* (SUB III, 372, Z. 27); **1230** *de salina nostra in Mulbah* (SUB III, 383, Nr. 847); **1237** *apud Hellinum* (SUB III, 477, Nr. 928); **1237** *salinam que Hallin dicitur* (SUB III, 483, Z. 14), *Hællein* (ib. Anm.f); **1237** *in nostra salina que Hallinum vulgo dicitur* (SUB III, 485, Nr. 933); **1240-50** (C 13. Jh.) *in Salina* (SUB III, 500, Nr. 948); **1242** *Heînrico chlevẑer de Salina* (SUB III, 544); **1243** *apud salinam nostram* (SUB III, 574, Z. 30); **1244** *apud salinam nostram* (SUB III, 590, Nr. 1042a); **1244** (F. 1357) *apud sallinam, que wlgariter Hællinum dicitur* (SUB III, 600, Nr. 1053); **1246** *aput Hælle dicto Mvlbach* (SUB III, 636, Z. 6); **1246** *Heinricus chlevîzær de salina* (SUB III, 636, Z. 24); **1249** *patellas salis in Halle, quod Mulbach dicitur* (SUB IV, 4, Nr. 5), *patella apud Halle dicto Mulbach* (SUB IV, 5, Z. 4); **1249** *Dat. apud Hellinum* (SUB IV, 6, Z. 6); **1250** *Acta sunt hec apud Salinam* (SUB IV, 10, Z. 4); **1257** *Dat. in Hællîno* (SUB IV, 33, Z. 40); **1268** *Actum in Salina* (SUB IV, 61, Z. 5); **1268** *domino Rudgero decano in Hellin* (SUB IV, 61, Z. 7); **1275** *Ego Chvnradus de Prvkke civis in Salina ... sigillo civium Saline* ... (SUB IV, 86, Nr. 82); **1284** *in monte vel in salina* (SUB IV, 141, Z. 23); **1284** *de Hælino* (2x) (LAMPEL, Goldwert, MGSL 30, 115); **1285** (Salzburger Beschwerdepunkte gegen Hzg Heinrich von Niederbayern) *Umb di stat ze Halle* [Reichenhall]; ... *umb daz saltz von dem Hællein, daz man da nicht fürlæt; ... Swer hintz dem Hællein varen will nah saltze, den bedwinget man ze varen hintz Halle* [Reichenhall] (SUB IV, 145-147); **1299** *daz newe sieden in dem Hællein und ein hofstat an der pruke* (SUB IV,

248, Z. 14); **1301** *umb ain schaftriht ze dem Hœllein ouf dem perig* (SUB IV, 264, Z. 6); **1311** *Vlreich der Schriber, rihter datz dem Hœllin* (SUB IV, 300, Z. 29); **1323** *in der vorgenanten abtessin perig datz dem Hallein auf dem Durnperg* (SUB IV, 344, Z. 15); **1340** *haellein* (AUR 1340 I 07); **1343** *puriger in dem Hellein* (SUB IV, 460, Z. 3); **1469** *in hällinger pharr* (Urkunden Nonnberg, MGSL 38, 235); [**1139** (F [„Machwerk"] 2.H.15. Jh., in Transsumpt v.1486) *ecclesiam in Mulpach quod Hellen dicitur* (SUB II, 282); **1149** (F, Transsumpt v. 1487) *ecclesie in Mulpach* (SUB II, 388); **1489** *Wolfganng vom Hellein* (SPATZENEGGER, MGSL 7, 357); **1525** (C18. Jh.) *auf das Hällen* (LEIST, Bauernaufruhr, MGSL 27, 305); **1606** *Pfleg zum Hällein* (HAUTHALER, MGSL 13, 95); **1613** *zum Hällen* (HAUTHALER, MGSL 21, 147); **1649** *An dem hällä Auf die wacht* (ZILLNER, MGSL 2, 190, Z. 12), *Pewördte Paurn, Alls hällinger, gollinger, apenauer* (ib., 187, Z. 20); **1692** *die Statt Hällein* (ZILLNER, MGSL 5, 103); **1778** *von Hällein auf die gmain* (Grenzbeschreibung, PEZOLT, Stadtgericht, MGSL 28, 420).

E: Dank der reichen Überlieferung lässt sich der allmähliche Übergang vom Appellativ *hällîn* 'Saline (Diminutiv)' zum ON *Hällein, -a-* gut verfolgen. Der ursprüngliche ON für die Siedlung am *Kotbach* (1450 *kopach* [MGSL 53, 44; STRABERGER 1974, 63], wohl ursprünglich **Mühlbach* 'Bach mit Mühlen' [KOLLER 1976, 32f.]) war *Mulpach* (1149-1210); 1207 wird dort zum ersten Mal eine Saline genannt, 1210 eine Sudpfanne (*patella*) in *Haelle*, das *Mulbach* heißt; die Neuerung der Salzgewinnung in Hallein bestand darin, dass das im Dürrnberg gewonnene Steinsalz als Sole durch eine lange, steile Rohrleitung vom Berg ins Tal zur Weiterverarbeitung geleitet wurde. 1218/1219 wird *Salina* als ON gebraucht, alternativ mit *Mulbach*, 1219 ist von Salzlieferungen aus „unserem *hallino in Mulpach"* die Rede; 1229 wird ein *plebanus Hellinensis* genannt, seit 1237 wird *Salina* und *Hällein* 'Saline' gleichgesetzt, seit 1249 erscheinen *Salina* wie *Hällinum* in der Datum- und Actumzeile von Urkunden als ON. 1249 wird *Mulbach* zuletzt genannt. In den deutschsprachigen Urkunden (seit 1285) wird deutlich, dass *Hallein* in grammatischer Hinsicht bis ins 17. Jh. nicht als Eigenname, sondern als Appellativ mit bestimmtem Artikel (*das Hällein, zum Hällen*) verwendet wird. Interessant ist in dieser Hinsicht der Salzburger Beschwerdebrief an Herzog Heinrich von Niederbayern (1285), in dem auch grammatisch unterschieden wird zwischen *dem Hœllein* 'Hallein' und der *stat ze Halle* 'Reichenhall'. Erst 1692 ist *Hällein* erstmals als ON ohne Artikel belegt. Im Dialekt war bis vor 50 Jahren *das Hallein* ([s 'haja]) üblich.

Über die Etymologie von *hall(e)* besteht keine Einigkeit. Sicher ist nur, dass kein etymologischer Zusammenhang mit idg. **sal-* 'Salz' besteht und dass das Wort *hall* 'Saline, Anlage zur Gewinnung von Salz durch Verdunstung von Salzwasser (Duden)' bedeutet, nicht '(Salz-)Bergwerk'. Zuletzt hat sich J. UDOLPH (2014)

ausführlich mit der Thematik beschäftigt, allerdings m.E. auch ohne befriedigendes Ergebnis (vgl. auch die Rez. von H. BICHLMEIER, ÖNf. 42, 2014, 104-115). Semantisch halte ich die Bedeutung 'Halle' (ahd. *halla*) für eine offene Anlage mit Sudpfannen für einleuchtend, und frühe Belege für Reichenhall lauten tatsächlich *Halla, Halle* neben *Hal* (VON REITZENSTEIN 2006, 29). Den Belegen ist allerdings nicht zu entnehmen, ob *Halla* (wie ahd. *halla*) als Femininum gebraucht wurde. Der ON *Hallein* ist als Diminutiv natürlich Neutrum. Das Diminutiv sollte zunächst wohl das Verhältnis der neuen Saline zum älteren, etablierten großen *Hall(e)* (Reichenhall) ausdrücken, blieb aber als Name erhalten, als sich die Größenverhältnisse längst umgedreht hatten (die Salzproduktion von Hallein überflügelte jene von Reichenhall sehr rasch). Vor allem aber fungiert das Diminutiv als Hypokoristikum (Kosename) und drückt Nähe aus (vgl. die häufige lat. Formel *Salina nostra*). Das Stammsilben-*a* ist von Anfang an durch das Dim.-Suffix *-în* > *-ä-* (Sekundärumlaut) umgelautet; die vereinzelten Schreibungen *Haelle, Halle* (ohne Suffix) sind verstümmelt.
L: SONB 168; REIFFENSTEIN 2004; VON REITZENSTEIN 2006, 29 (Bad Reichenhall); LINDNER 2008, 35f.; DONB 241 (TH. LINDNER); UDOLPH 2014, 73ff. u.ö.; zur Geschichte von Hallein grundlegend KOLLER 1976, 9-116. – Vgl. auch *Hallein* 1980 und MOOSLEITNER 1989.

HALLSEITEN, KG, G Abtenau
D: ['hɔɪsaɪtn]
E: mhd. *sîte* 'Seite, Leite' mit *hall* 'Saline' (→ *Hallein*); benachbart das Gut → *Pfannhaus* (GFRERER 1981,1, 231f.; 2, 396ff.), in der KG Rigaus das Gut *Hallberg* (GFRERER 1981, II, 573). Zur Salzgewinnung in der Abtenau vgl. DOPSCH/SPATZENEGGER 1, 622.
L: SONB 169; GFRERER 1981, II, 401.

HAREBEN, E, G Krispl
D: ['huɐrem]
E: mhd. *ëbene* 'Ebene (ebenes Feld)' mit mhd. *har* 'Flachs'; *-ar* > [uɐ] altdialektal im südl. Flach- und Tennengau, REIFFENSTEIN 1955, 20.

HARREIS, E, G Adnet (Waidach)
D: ['huɐrɐs]
E: mhd. *rœze* 'Flachsröste' mit mhd. *har* 'Flachs'; zu [uɐ] s.o. → *Hareben.*

†HARWIESE, Pfarre Kuchl, Georgenberg
U: **1440** *Harwiese hinter St. Jörgen-Berg* (PEZOLT, MGSL 40, 165); vgl. → *Haarpoint.*
E: *Wiese* mit mhd. *har* 'Flachs'.

HASENBICHL, R, G Scheffau
D: ['hɔːsnbiːçɪ]
U: **1418** *Hasnpühl* (U 212/5); **1560** *Hasenpichl* (U 53 a) (Bel. nach ZILLER 1986, 113).

E: mhd. *bühel* 'Bühel, Hügel' mit mhd. *hase* 'Hase'; „Berg, auf dem sich Hasen tummeln".
L: ZILLER 1986, 113.

HASLAU, D, G Oberalm
D: [hɔs'laʊ]
U: **1419** *Chraft von Haslaw* (2x) (DOPPLER, MGSL 13, 73); **1420** *Chraft von Haslaw* (ib., 75; Salzburger Chorherr); **1485** *Herr Craft von haslaw* (DOPPLER, MGSL 16, 230); **1609-1671** *Franz Düker von Haßlau* (PILLWAX, MGSL 14, 1ff.); **1727** *Joseph Johann Ernst Adeodatus Dücker Freyherr von Haslau ec. Pfleger zu Glanegg* (Or., SPATZENEGGER, Einzug 1727, MGSL 15, 220).
E: → *-au* mit mhd. *hasel* 'Hasel(strauch)'; vgl. HELSON 1, 49f.

HASLER, E, G Krispl
D: ['hɔ:slɐ]
E: mhd. *hasel* 'Hasel(strauch)' mit Zugehörigkeitssuffix *-er* oder Kollektivsuffix *-ach,* ahd. *-ahi.*

HAUNSPERG, Schloss, G Oberalm
D: ['haʊⁿʃbɐɐg]
E: Schloss der Herren von *Haunsberg* (G Nußdorf, Flachgau); zum Namen vgl. HELSON 1, 50.
L: MOOSLEITNER 1989, 252f.; HHS 396; DEHIO 1986, 284f.; ZAISBERGER/SCHLEGEL 172ff.

HEFENSCHER, R, G Annaberg
D: ['hefnʃɛɐ]
U: **1626** *Höfenscher* (GFRERER 1989, 417f.); **1881** *Hefenscher*, *Höfenscher* (PRINZINGER, MGSL 21, 17, Anm. 1).
E: mhd. *schëre* 'Klippe', *schër* 'abgeteiltes Stück Land' mit *heven, haven* 'Häfen, Topf' zur bildlichen Bezeichnung des steilen linken Lammerufers n. Annaberg (unsicher); zu *-scher* vgl. → *Scherhaslach*, HELSON 1, 113.
L: GFRERER 1989, 405ff., 417f.

HEILIGENSTEIN, E, G Adnet (Wimberg)
D: [haɪ(li)ŋ'ʃtɔɐⁿ]
U: **1324** *Jacob de Haelstein* (SLA U 3, fol. LXIII; LANG 1998, 372); **1325** *Chunrat Tunhofen von Hallenstain* (F. ca. 1470, SUB IV, 355, Z. 5).
E: *-stein* mit mhd. *hæle* 'verhohlen, heimlich; glatt', ein „heimlicher" Stein (so LANG 1998, 372) oder ein glatter Stein; *heilig-* ist volksetymologische Umdeutung.
L: SONB 24; MGSL 21 (1881), 19.

HEIMHOF, R, G Krispl
D: ['hɔɐmhof]
E: *-hof* mit mhd. *heim* 'Haus, Heimat'.

HEIMHOF, Hf, G Abtenau (Kehlhof)
D: ['hɔɐmhof]
U: **1331** *Chunrad Haiden – Freysaß*; *von dem Hoff genannt der Haydnhoff*; **1626** *Haidnhoff* ; **1792** *Haiden insgemein Haimhof* (Bel. nach GFRERER 1981, II, 171).

E: -*hof* mit mhd. *heiden* 'Heide (paganus)'? Später zu *Heim-* umgedeutet.
L: GFRERER 1981, II, 171f.

HELLWENG, Unter-, Ober-, R, G St. Koloman; R, G Kuchl (Georgenberg);

HÖLLWENG, Hgr, G Adnet
D: ['he:wɛŋ]
U: **1459** *Jacoben Hölbeger … Hainreichen von Helbenweng* (DOPPLER, MGSL 14, 106); **1497** *Conrad Hölbennger von niderhelbenng ... In chuchler pfarr gesessen* (DOPPLER, MGSL 16, 339).
E: ahd. *zem holin wege* 'am Hohlweg' (FINSTERWALDER 1978, 325). Es gibt auch die *Unter-* und *Oberhellwengalm* im Tauglboden (ÖK 84).
L: FINSTERWALDER 1978, 325; RETTENBACHER 1982, 432; ZILLER 1986, 123 (*Hollweger*).

HERMANNSREIT, W, G Krispl
D: ['hiɐmɐraɪt]
E: → *-reit* mit PN *Hermann*.

HIRSCHAU, Hf, G Annaberg (Hefenscher)
D: ['hiɐʃɐ]
U: **1350** *Hiersau* (ZILLER 1986, 120; U 6); **1626** *Hirschaw*; **1733** *Hürschau, Hanns Hürscher* (GFRERER 1989, 427).
E: → *-au* mit mhd. *hirse* 'Hirse' (früher wichtige Getreidesorte), vom HofN abgeleitet ist der in Annaberg häufige FamN *Hirscher* (z.B. der FamN des prominenten Schirennfahrers *Marcel H.*). Die von ZILLER 1986, 120 und von GFRERER vorgeschlagene Erklärung 'Siedlung mit Hirschen' würde eher *Hirzer* ergeben (mhd. *hirz* 'Hirsch', vgl. FINSTERWALDER 1990-1995, 728); entsprechend ist übrigens auch die Erklärung von → *Hirschpoint*, HELSON 1, 54 zu korrigieren, vgl. VON REITZENSTEIN in BONF 53, 2016, 253.
L: GFRERER 1989, 427.

†HIRTER, R, G Kuchl (Unterlangenberg), Ort einer Wegkehre
D: [hiɐtɐ]
U: **1881** *Hirt- oder Hütergütl*, urkundlich „*Haidenschaft*" (PRINZINGER, MGSL 21, 11).
E: mhd. *hüetære* 'Behüter, Wächter'.
L: *HB Kuchl* 336.

HOCHREITH, Agh, G Scheffau
D: [hɔu'raɪt]
U: **1489** *das Hinder Hoch Rewt* (Urkunden Nonnberg, MGSL 38, 253).
E: → *-reit* (häufiger Rodungs-ON) mit *hoch*.

HOCHSCHAUFLER, Ghf, G Kuchl, vgl. → *Schaufel*
D: [hɔʊ'ʃaʊfɪɐ]
U: **vor 1369** *Johannes auf der Schaufel*; **1527** *Christina Schauflerin* (*HB Kuchl* 382).
E: mhd. *schûvel* 'Schaufel' (nach der Geländeformation?) mit *hoch*.
L: *HB Kuchl* 382; PRINZINGER, MGSL 28, 179-180 über den sogen. Heidenweg am Gute Hochschaufel (auf der → *Schaufel*).

HOCHZILL, R, G Krispl (Gaißau)
D: [ˈhɔutsi]
U: **1560** *Ober- und Nidern-Zill* (U 53a, ZILLER 1986, 258).
E: mhd. *zil* 'Grenze, Grenzgebiet' (DWB 15, Sp. 1049), → *Zill* mit *hoch*.

HOCHZINKEN, BergN, n. Abtenau → *Zinken, Hoher; Zinkenkogel* (Hallein), *Zinkenalpe*; → *Zinken,* HELSON 1, 145.
L: ZILLER 1982, 122.

HOF, W, G Kuchl
D: [ho:f]
U: **1459** *Hanns am hof* (DOPPLER, MGSL 14, 125), *ain guet zu Hof das yetz Cristan Halbsleben Innhat ... von ainer wisen daselbs, die der benant Cristan Innhat ...* (ib.), **1459** *Christan von Hof* (DOPPLER, MGSL 14, 106)
E: 'Hof, Bauerngut'; → *Hof*, HELSON 1, 55.

HOFSTATT, zw. Strubau (Kuchl) – Golling, nicht im OV
D: ['hofʃtɔ:d]
U: **1436** *Vlreich ab der hofstat* (DOPPLER, MGSL 13, 113); **1439** *Haws vnd Hofstat genantt auf der Hofstat* (ib., 121)
†HOFSTET bei Vigaun (Kirchhof?) lt. Reg.
U: **1212/1312 [1382]** *guet genant Hofstet* (C 14. Jh., Nonnberger Urbar, DOPPLER, MGSL 23, 49), *Seidel von Hofstet* (ib.); **1405** *Hofstet* (ib.), *Hofstet-phening* (ib., 51).
E: → *-stat, stet* mit *hof* 'Bauernhof'.
L: HELSON 1, 55.

HÖHENWART, W, G Adnet
D: ['hɛiɐvɔɐt]
E: mhd. *warte* 'Warte, Wache, Ausschauplatz' (vgl. HELSON 1, 136f.) mit mhd. *hœhe* 'Höhe' oder Adj. *höher*.

HÖLLBACH, Hf, G Vigaun (Riedl)
D: ['he:bɔ(x)]
U: **1212/1312 [1382]** *guet genant Holnpach* (C 14. Jh., Nonnberger Urbar, DOPPLER, MGSL 23, 49), ca. **1334** *de Hoelenpach* (C 2.H.14. Jh., 102); **1405** *Holnpach* (ib. 49)
E: → *-bach* mit mhd. *hol* 'hohl, Höhle'.
L: *Vigaun* 1990, 206.

HÖLLWENG → *Hellweng*

†HOLZHAUSER bei Hallein
U: **1472** *Lienhart vnd Jörg gebrueder die Holczhauser ... baid burger zum hellein* (DOPPLER, MGSL 15, 81).
E: *-haus* mit *holz* 'Wald'.

HOLZTRATTEN, R, G Krispl (Gaißau)
D: ['hoɪtstrɔ:dn]
E: mhd. *trat* 'Viehweide' mit *holz* 'Wald'.

†HOSWASCH, Örtlichkeit in Hallein (Bergbau auf dem Dürrnberg)
U: **1284** *montem illum, qui Hoswasscher dicitur* (SUB IV, 141, Z. 8), *prefatum montem Hoswasscher* (SUB IV, 141, Z. 13); **1309** *in der schaftriht* (Stollen)

ze Hoswasche (SUB IV, 298, Z. 4); **1313** *Chunrat von Hoswasch* (SUB IV, 315, Z. 18); **1318** *Chunrat von Hoswasch* (SUB IV, 325, Z. 29); **1323** *Chunraten von Hoswaz* (SUB IV, 341, Z. 22), *Chunrat von Hoswaz* (SUB IV, 342, Z. 10).
E: unklar, wahrscheinlich ein (spottender) Übername aus der Sprache der Bergleute, „Hosenwascher"?

J

JADORF, D, G Kuchl
D: [ˈja:dɔɐf]
U: **1243** *mansum apud Iægerdorf … sub monte sancti Georgii* (SUB III, 556, Nr. 1004a u. 557, Z. 7); **1243** *mansum apud Iegersdorf* (SUB III, 564, Nr. 1014); **1325** *den Hof ze Ierdorf* (SUB IV, 358, Z. 1); **1367** *Iaerdarf* (AUR 1367 II 01); **1395** *Jaerdorf* (Urkunden Nonnberg, MGSL 36, 275); **1459** *ain Hofstat ze Jerdorf die yetz Hainrich Schawrer Innhat* (DOPPLER, MGSL 14, 125); **1505** *Jerdorf* (AUR 1505 IV 10); **1619, 1620** *zu Jädorf* (*HB Kuchl* 298).
E: → *-dorf* mit urslaw. **jārъ* < **jērъ* ‘Frühjahr, Sommer‘; urslaw. **jārā* (fem.) ‘(große) Hitze; wärmer werden’. Semantisch vergleicht sich der mehrfache ON → *Sommerau.* Die beiden Erstbelege können nicht zu *Jadorf* gehören, sondern zum benachbarten → *Jägermaiergut*. Die im SONB 88 angenommene Kontraktion von *Iægerdorf* > **Jaerdorf* ist sehr unwahrscheinlich.
L: SONB 88; *HB Kuchl* 296ff.; JULIAN BLASSNIGG (brieflich, 2016).

JÄGERMAIERGUT, Hf, G Kuchl (Garnei)
D: [ˈja:gɐmɔɐ]
U: **1243** *mansum apud Iægerdorf* (SUB III, 556, Nr. 1004a; u. 557, Z. 7); **1243** *mansum apud Iegersdorf* (SUB III, 564); zu den Bel. vgl. auch → *Jadorf.*
E: → *-meier* oder *-dorf* mit BerufsN *Jäger*.
L: *Vigaun* 1990, 200f.; *HB Kuchl* 343.

JÄGERMANN, W, G Abtenau (Pichl)
D: [ˈja:gɐmɔ^{n}]
E: Berufsname ‘Jäger‘.

K

KAINAU, E, G Krispl
D: [khɔɐˈnaʊɐ]
E: → *-au* mit PN *Kuono*.

KAINZEN, R, G Vigaun
D: [khɔɐ^{n}tsn, ˈkhɔɐ^{n}tsaɪ]
E: PN *Kuonz,* Kurzform von *Kuono, Kuonrad*; *Kainzen* ist die Form des Dativs, ‘beim K.’.
L: *Vigaun* 1990, 210.

KAINZREIT, W, G Puch
D: ['khɔɐⁿtsraɪt]
E: → *-reit* (Ausbausiedlung) mit → *Kainz.*

KAISER, W, G Abtenau (Lindenthal)
D: [khɔɐsɐ]
E: mhd. *keiser* 'Kaiser, Übername', als HofN nicht selten (ZILLER 1986, 130f.).
L: GFRERER 1981, II, 336; ZILLER 1986, 130f.

KALLERSBERG, BergN (1401 m), G Krispl/Faistenau (Grenze)
D: ['khɔɪʃbɛɐg]
U: **1585** *Kalchegg* (ST 166/6).
E: → *-berg* (urkdl. *-egg*) mit mhd. *kalch* 'Kalk' (der Dialektaussprache liegt *Kalchsberg* zugrunde).
L: ZILLER 1982, 92f.

KALSBERG (Kahls-, Karls-, -perg), D und Schl, G Oberalm
D: ['khɔɪʃpɛɐg]
U: **1215-1232** *Heinrici militis de Chalohsberge* (SUB III, 188, Z. 7); **1242-1259** *Vlricus de Chalusperg* (SUB I, 506, Z. 6); **1242-1259** *Ulricus Chalusperger* (SUB I, 507, Nr. 470); **1242** *Vlricus de Chalusperch* (SUB III, 531, Z. 7); **1244-48** *Vlricus Chalusperger* (!) (SUB III, 578, Nr. 1027); **1245** *Vlricus de Chalwesperch* (Kop. SUB III, 609, Z. 8); **1249/50** *Vlricus de Kalhochperge* (SUB IV, 7, Z. 20); **1251** *Vlricus de Chalhosperch* (Kop.13. Jh., SUB IV, 15, Z. 39); **1251** *Vlricus de Chalhohsperge* (SUB IV, 17, Z. 9); **1270-1288** *Vlricus de Chalhosperch seniori* (Kop., SUB IV, 65, Z. 2; nach Vorbemerkung); **1313** *Vlricus Chalhosperger et frater suus* (SUB IV, 314, Z. 22); **1313** *Vlricus der Chalhohsperger* (SUB IV, 315, Z. 19); **1398** *Hainrich dem Charelsperger* (DOPPLER, MGSL 12, 296), *Hainreichen dem Charelsperger* (ib., 298); **1370** *Ulrich Kalchochsberger* (ZILLNER, MGSL 22, 157); **1407** *Heinrich Charelsperger* (DOPPLER, MGSL 13, 29); **1415?** *Hanns der Chalasperger* (ib., 57; lt. Reg. Hausbesitzer in der Stadt Salzburg).
E: → *-berg* mit PN *Cadalhôch, Kalhôch.*
L: SONB 122; HHS 396; DEHIO 285f.; MOOSLEITNER 1989, 252f.; ZAISBERGER/SCHLEGEL 175ff.

KALTENHAUSEN, W, G Hallein
D: [khɔɪtn'haʊsn]
U: **1475** *kaltenhawsen* (AUR 1475 IV 14); **1498** *das pier von Kaltenhawsen* (Urkunden Nonnberg, MGSL 39, 130); **1572** *Kaltenhausen* (WICHNER, Admont, MGSL 36, 203); **1795** *Kaltenhausen* (MGSL 37, 18).
E: → *-haus* (Dat. Pl.) mit *kalt* (liegt sehr schattig zwischen Salzach und dem großen Barmstein); 1475 private Großbrauerei eines Salzburger Kaufmannes, von 1486-1815 in erzbischöflichem Besitz (älteste bekannte Hofbrauerei [München erst 1589]), seither in Privatbesitz.
L: SONB 94; HHS 382; DEHIO 158; MOOSLEITNER 1989, 273.

KARALM, Agh, G Abtenau
D: ['khɔɐ'ɔɪm]
E: → *-alm* mit mhd. *kar* 'Schüssel, Mulde, Einsenkung', sehr häufige Flurbez. im alpinen Gelände (SCHMELLER 1, 1277).

KARLGUT, H, G Kuchl (Georgenberg) → *Großkarl*

KARRER; Hf, G Krispl, **-BACH**, GewN
D: ['khɔɐrɐ, -bɔ:x]
E: unklar; Hof im *Kar,* in der Einsenkung (?).

KASBACH, W und GewN, G St. Koloman (Taugl)
D: ['kha:sbɔx]
U: **1292** *Niderchæserpach* (MARTIN Reg. Nr. 137); **1435** *zwai gueter ains genant Chäspach vnd das ander genant Eberwein auf dem Stain baide gelegen In der engen taukel vnd In Galinger gericht* (DOPPLER, MGSL 13, 110, Nr. 149); **1497** *Wolfgang Khäspacher* (DOPPLER, MGSL 16, 337); **1502** verkaufte *Wolfgang Käspacher* ... das Gut *Käspach* (MGSL 13, 110).
E: → *-bach* mit mhd. *kâse* 'Hütte' (lat. *casa*) oder verkürzt aus **Kaserbach* (zu ahd. *kasari*, mlat. *casaria* 'Kaser, Hütte, Almhütte', → *Kasern*, HELSON 1, 62) „von einer Almhütte herabführender Bach" (ZILLER 1986, 134); denkbar ist auch die Verbindung mit der Herstellung von Käse (mhd. *kæse*) in einer Schwaige; primär ist in jedem Fall der GewN, der in Beziehung zu einer Almhütte oder einer Käse erzeugenden Schwaige steht und sekundär auf das Gut übertragen wurde.
L: SONB 167; STRABERGER 1974, 58; RETTENBACHER 1982, 448; ZILLER 1986, 134.

KEHLHOF, KG und Hf, G Abtenau
D: ['khɛ:(h)of]
U: **1325** *Georg de Chelnhof*; **1434** *Conradus de Chellenhoff*; **1626** *Guett Khellhof* (Bel. nach GFRERER 1981, II, 161).
E: mhd. *kël(e)* 'Kehle, Schlund; übertragen: Graben, spitz zulaufendes Tal', KLUGE/SEEBOLD 364 (*Kehle*[2]); vgl. → *Kell(bauer), Kellau.*
L: GFRERER 1981, II, 154ff., 161f.; ZILLER 1986, 136 (*Keller*).

KELLAU, KG, G Kuchl
D: [khɛɪ'aʊ]
U: **1459** *Niclasen von Kelaw* (DOPPLER, MGSL 14, 106); **1478** *das Gut Pernhaupt in Kellau* (Außenvermerk, DOPPLER, MGSL 15, 136).
E: → *-au* mit mhd. *kël(e)* 'Kehle, Schlund; übertragen: Graben, spitz zulaufendes Tal'; vgl. → *Kell(bauer).*
L: ANB 588; SONB 156; *HB Kuchl* 385ff.

KELL(BAUER), R, G Kuchl (Kellau)
D: ['khɛɪbaʊɐ]
U: **1125-1147** *Hartuuico de Chele* (SUB I, 381, Nr. 244b) (Sbg.er Zeugen!); **1160-64** *de Predio quodam sito in loco Chelin* (SUB II, 481, Nr. 345); **1163-1166** *Mangoldus de Cheln* (SUB I, 449, Z. 12), *Chel* (VAR, Kop.13. Jh., ib., Anm.e);

1167-1183 *Manegoldus de Chele* (SUB I, 673, Nr. 190); **1170** *Manegoldus de Chele* (SUB II, 549, Z. 6); **12./13. Jh.** *Gisila l. de Chel* (MG Necr. 2, Sbg. Rudberti 142); **12./13. Jh.** *Gerhardus de Chel* (ib. 96); **1460** *Niklas Grill gesessen zu Chel im Kucheltal* (DOPPLER, MGSL 14, 133).
E: mhd. *kël(e)* 'Kehle, Schlund; übertragen: Graben, spitz zulaufendes Tal', vgl. → *Kehlhof, Kellau.*
L: *HB Kuchl* 397.

KENDL, Hf, G Vigaun (St. Margarethen)
D: [khɛndl]
U: **1212/1312 [1382]** *gut ze Chendl* (C14. Jh., Nonnberger Urbar, DOPPLER, MGSL 23, 50), *gut ze Chendel* (ib., 51) (2x); ca. **1334** *Chendel* (C 2. H. 14. Jh., 103); **1346** *Ulrich de Chendel* (*Vigaun* 1990, 211); **1405** *Chendel* (C 14. Jh., Nonnberger Urbar, DOPPLER, MGSL 23, 50); **1405** *in dem obern veld pey der Nidern-Chendel* (C 14. Jh., Nonnberger Urbar, DOPPLER, MGSL 23, 51); **1444** *Hanns von Chondel ... zech bröbst Margreten Kirichen zw Pabenhouen* (DOPPLER, MGSL 14, 15); **1511** *Kendlgut zu St.Margareten* (Urkunden Nonnberg, MGSL 39, 140).
E: mhd. *kenel* 'Wasserrinne, Kanal' (lat. *canalis*); → HELSON 1, 63.
L: *Vigaun* 1990, 211.

†KESSELPEUNT bei Kuchl
U: **1455** *Pewnten genantt dye Kesselpewnt, die gelegen ist ze Hunczdorff Kuchlär Pfarr* (DOPPLER, MGSL 14, 74).
E: → *-point* 'eingefriedetes Grundstück' mit mhd. *kezzel* 'Kessel, Einsenkung, Mulde'.

†KIRCHHOF, G Vigaun (heute *Thomanbauer*)
U: **1405** *Chirichof* (6x) (Nonnberger Urbar, DOPPLER, MGSL 23, 50 u. 51); **1532** *Kirchhof* (Urkunden Nonnberg, MGSL 40, 261); **1534** Ausbruch aus dem Gut *Khyrychhoff, genannt das Reytt ... ze Vygawn gelegen* (Urkunden Nonnberg, MGSL 40, 263); **1537** *sambt dem Khirchhofe* (Urkunden Nonnberg, MGSL 41; 54).
E: *Hof*, der *Kirche* gehörig oder der *Kirche nahe* liegend.
L: *Vigaun* 1990, 196 (Thomanbauer).

KLABACH, W, G Vigaun (Rengerberg)
D: ['khlɔ:bɔx]
U: **1489** *Gut Cklaspach* (r. *Cklafpach* ?) *auf der Tawckl*; *2 Gütel zu Nidern- und Ober Klafpach auf der Tawckl* (PEZOLT, MGSL 40, 185, Anm. 3; z.T. stark entstellte Orthographie).
E: → *-bach* mit mhd. *klaffen* 'schallen, tönen; plappern, schwätzen', d.h. ein 'rauschender, lärmender Bach' (nicht ganz sicher).
L: ZILLER 1986, 139; *Vigaun* 1990, 220 (mit verfehlter Erklärung).

†KLAPF, in Hallein (BergN); Ortsteil *am Klapf*, Markt Abtenau
U: **1482** *zum hellein gelegen ... am clapf* (DOPPLER, MGSL 16, 212); **1498** *von*

dem haws vnd garten zum hellein genant am Clapff (DOPPLER, MGSL 16, 360).
E: mhd. bair. *klapf* 'Felsen, Berg' (SCHMELLER 1, 1337; DWB 5, 955; ZILLER 1995, 109); GFRERER 1981, II, 103.

†**KLEUZHAUS**, G Hallein vgl. unter → *Urbaiß*

KLOCKAU, R, G Annaberg
D: ['khlokhɐ]
U: **1331** *Gebhardus de Chlockhau* (GFRERER 1989, 191); **1356** *Predium Clogawe* (Urkunden Nonnberg, MGSL 36, 38); **1356** *ain aigen genant Clogaw* (ib., Übersetzung 15. Jh.); **16. Jh.** *Chlochaw* (GFRERER 1989, 191).
E: *-au* mit mhd. *klac, -ckes* 'Riss, Spalt' oder *klocken* 'klopfen'; die Bel. mit *-g-* passen weder zu dieser Erklärung noch zur Dialektaussprache.
L: GFRERER 1989, 190f.

KÖBERL, R, G Kuchl (Weißenbach); W, G Golling
D: [khe:wɐl]
U: **1292** *Choberlino* (SUB IV, 201, Z. 30); **1325** *Niclas Choberl* (F. ca. 1470, SUB IV, 354, Z. 32) (Holzdiener im Kuchltal).
E: PN *Jacobus*, Dim. (Kurzform).

KREIL, Hf, G Abtenau (Erlfeld – Lindenthal); Hf, G Annaberg (Hefenscher; dazu die FlurN *Kreilberg, -graben, -moos*)
D: [khraɪ]
U: **1473** *Dietler Chräler ... In der Abtnaw gelegen* (DOPPLER, MGSL 15, 92); **1331** *Chräling*; **1626** *Khräling*; **1733** *Krällehen* (Bel. nach GFRERER 1989, 423ff.).
E: mhd. *kröuwel* 'Kräuel, Kratzer (Stallwerkzeug)', typisches Bauernwort, vgl. → *Kreised,* G Berndorf (HELSON 1, 69). Die heutige Schreibung gibt die Dialektaussprache (mit Vokalisierung des *-l*) wieder.
L: GFRERER 1981, II, 148; GFRERER 1989, 423ff.

†**KREUZPOINT** auf der Taugl
U: **1490** *auf der Taugkel genant dy Kreutzpewnt Im Amt Vigawn* (Urkunden Nonnberg, MGSL 38, 255.
E: → *-peunt* 'eingefriedetes Grundstück' mit *Kreuz* 'Wegkreuzung' oder 'Wegkreuz, Kruzifix'.

KRISPL
D: ['khriʃpɪ]
U: **1393** *zway güeter vnder dem chrispel in der pfarr chuchel* (DOPPLER, MGSL 12, 266); **1594** wird eine Bergkirche *auf den Krispeln* genannt (www.krispl-gaissau.at); **1731** Vikariat der Pfarre Kuchl; **1859** Erhebung zur Pfarre.
E: mhd. *krisp(el)* 'kraus, struppig', d.h. FlurN (BergN) für Gelände mit Gebüsch und struppigem Unterholz; VON GRIENBERGER 1886, 15 und ihm folgend LINDNER 1995, 107f. und 2008, 28 gehen von lat. *crispulus* 'kraus' aus; semantisch besteht zwischen den beiden Etymologien kein Unterschied. Lautgeschichtlich wäre

allerdings bei später Eindeutschung Substitution des lat. *c-* durch mhd. *g-* zu erwarten (wie bei *Gamp* < *campus, Gugelan* < *Cuculana*). Die Entscheidung bleibt offen, ich plädiere für die Herleitung aus mhd. *krispel.* Vgl. *Krispelstätt,* HELSON 1, 69f.

L: SONB 147; von Grienberger 1886, 15; Lindner 1995, 107f. und 2008, 28.

KUCHL

D: [ˈkhuxɪ]

U: **511** *castellum ... Cucullis vocabulum* (auf dem Georgenberg; Eugippius, Vita Severini 11, 2); **788-790** (C 12. Jh.) *in loco, qui dicitur Cucullos, in supradicto pago Salzburchgaoe super fluvio Salzaha* (Lošek NA, 2,2); **798-814** (C 12. Jh.) *ad Cucullas* (Lošek BN 2, 7; 4,4; 5.2); *ad Chuchil* (Lošek BN 9, 4); **930** *ad Chuchulam* (SUB I, 149); **991-1023** *in pratis, quę sunt sita iuxta pagum Chuchula dictum* (SUB I, 207); **1139** *silvulam ... superius Chuchili Torenne dictam* (SUB II, 278, Z. 7); **1139** *mansum unum de Chuchil* (Kop., M.13. Jh., SUB II, 287, Z. 20); um **1170** *Adelmanus de Cuchel* (MG Necr. 2, Sbg. Rudberti 169); **1177-1216** (C ca. 1250) *curtis in Chvchen* (MGSL 75 (1935), 164), *in Chvchen mansi 4* (ib., 168), *in officio Chuchen in ipsa villa curtis* (ib., 170) (gilt wohl für Gegend um Kuchl); **12./13. Jh.** *Herburc l. de Chuhl* (MG Necr.2, Sbg. Rudberti, 106); nach **1191** *in comitatu Chuchulensi* (SUB II, 652, Nr. 480b); **1197** *mansum Chuchel iuxta flumen Lamer* (SUB II, 698, Z. 16); **1219-1334** *Hoc testantur plebanus de Kůchele Heinricus* (SUB I, 751, Nr. 344); **1243** *monte sancti Georgii iuxta Chuchel* (SUB III, 556, Nr. 1004a; u. 557, Z. 7; u. 564, Nr. 1014); **1284** *Chvchel* (Lampel, Goldwert, MGSL 30, 115); **1376** *Chuchler* (Jung, Opferliste, MGSL 1, 54); **1243** *sub monte sancti Georgii iuxta Chuchel* (SUB III, 556, Nr. 1004a; 557, Z. 7; 564, Nr. 1014); **1299** *daz gericht in dem Chucheltal und die Vogtay* (SUB IV, 248, Z. 13); **1325** *Chunrats von Chuchel* (SUB IV, 357, Z. 27); **1407** *in dem chucheltal* (Doppler, MGSL 13, 31); **1435** *in Chuchlär Pfarr* (Doppler, MGSL 13, 113); **1457** *Gotshaws zu Kuchel* (Doppler, MGSL 14, 95); **1478** *im Kucheltal* (Doppler, MGSL 15, 133); **1487** *im Kucheltal gelegen* (Doppler, MGSL 16, 242); **1497** *In Kuchler pfarr* (Doppler, MGSL 16, 340); **1533** *bei Kuchler lindn* (Urkunden Nonnberg, MGSL 40, 262); **1540** *Chuchl* (Jung, Opferliste, MGSL 1, 54); **1547** *Kuchler pfarr* (Urkunden Nonnberg, MGSL 41, 62).

E: keltolat. *cucullus* ‘Kapuze’ als Bezeichnung des Georgenberges, früh auf den Ort übertragen; vor der hochdt. (2.) Lautverschiebung (d.h. mindestens vor ca. 700) eingedeutscht, neben → *Adnet* der einzige früh eingedeutschte roman. ON im Salzburger Becken. Vgl. dazu die spät eingedeutschte *Cuculana alpis* ‘Kuchler Alm’ → *Gugelan(alm). Kuchl* war früh nicht nur Bezeichnung eines Ortes, sondern auch Gegendname, 991-1023 *pagus Chuchula*; vom 13. bis ins 15./16. Jh. → *Kuchltal* (auch Grafschaft und Gerichtsbezirk).

L: ANB 629f. und 212 (*Cucullis*); SONB 42; LINDNER 2002, 545 und 2008, 37; HHS 385f. – Vgl. auch *HB Kuchl.*

†KUCHLTAL, histor. Gegendbezeichnung → *Kuchl*
L: HHS 385; DOPSCH/SPATZENEGGER 1, 390-392, 620.

KÜHBERG, G Abtenau (Möslberg)
D: ['khiɐbɛɐg]
U: **1336** *item ein gůt genant Chůperch* (SUB IV, 428, Z. 30); *Gütl Küeberg* (Hieron. Kat., GFRERER 1981, II, 436).
E: → *-berg* mit mhd. *kuo* 'Kuh' (Pl.); FamN **KÜHBERGER**, G Kuchl → *Staudach.*
L: GFRERER 1981, II, 436f.

KÜHSCHWALB, FlurN → *Schwalb*

L

LABACH, E, G St. Martin (Lammertal)
D: ['la:bɔx]
U: **1230** *Lovhpach* (St.Petr. Urbar B 1, GFRERER 1989, 18; 368); **1626** *Lapach* (GFRERER 1989, 366).
E: → *-bach* mit mhd. *louch* 'Lauch, krautiges Gewächs'.
L: GFRERER 1989, 366; ZILLER 1986, 154.

LACHER, D, G Golling (Torren)
D: ['la:xɐ]
E: mhd. *lärche* 'Lärche' mit Zugehörigkeitssuffix *-er.*

LACKEN, W, G Abtenau (Lindenthal); R, G Adnet (Spumberg)
D: [lɔkhŋ]
U: **1325** *Iacob Schalch in der Lacken* (F. ca. 1470, SUB IV, 355, Z. 9).
L: GFRERER 1981, II, 333ff.; LANG 1998, 364.
LACKEN (Kuchler Pfarr)
1497 *Wolfgang Lakhner ... In Khuchler pharr golinger gericht* (DOPPLER, MGSL 16, 337), *Wolfgang aws der Lagken* (ib., 338).
E: obd. *Lacke* 'Lache, kleines stehendes Gewässer' (SCHMELLER 1, 1432; DWB 6, 13f.).

LAHNGANG, Alm, G Abtenau (Wegscheid); R, G Oberalm (Vorderwiestal); Hf, G St. Koloman (Tauglboden)
D: ['la:ⁿgɔŋ]
E: *-gang* 'Graben, abschüssiger Hang' mit ahd. *lewina, louwin,* rom. *lavina,* bair. *Lahn* 'Lawine' (SCHMELLER 1, 1399f.; dort 1400 auch *Lahngang* zitiert; SCHATZ, Tir. Wb. 1, 372; ZILLER 1995, 119 [*Lahn*]). GFRERER 1981, II, 366 zitiert *ain Öz Längang genannt.* Alle *Lahngang*-Örtlichkeiten liegen in lawinengefährdeten Gebieten.

LAMMER, GewN
D: ['lɔmɐ]

U: **1124** *iuxta fluvium Lâmara* (SUB I, 331); *iuxta fluvium Lamere* (SUB II, 216, Nr. 143); **1130** *silvam prope Lamere fluvium* (SUB II, 222, Z. 12), *una parte Lamere* (ib. Z. 14), *iuxta fluvium, qui vocatur Lamara* (SUB II, 299, Z. 4); c. **1130 – c. 1135** *ad exortum fluminis Lamir indeque deorsum usque in Rotah* (Kop. M. 13. Jh, SUB II, 210, Z. 27); **1144** *Insulam nomine Appanowa iuxta fluvium qui dicitur Lamara* (SUB II, 327, Z. 25); **1197** *mansum Chuchel iuxta flumen Lamer* (SUB II, 698); **1243** *curtem apud fluvium Lamere, que nominata est zer Lamere* (SUB III, 559, Z. 17); **1249/50** *rivulo Rotenpach in Lameram defluente* (SUB IV, 7, Z. 8); **1299** *einen hof bei der Lamer* (SUB IV, 248, Z. 11); **1304** *ain hof bei der Lamer* (SUB IV, 272, Z. 11).
E: alteurop. **lám-ar-ā* ‘die Sumpfige‘; die zugrundeliegende idg. Wurzel bedeutete ‘Schlund, Erdloch‘.
L: ANB 642; SONB 51; STRABERGER 1974, 67f.; LINDNER 2002, 545; GREULE 2014, 296f.

LAMMERER, R, G Abtenau (Schorn)
D: ['lɔmɐrɐ]
U: **1243** *curtem apud fluvium Lamere, que nominata est zer Lamere* (SUB III, 559, Z. 17).
E: ‘Hof an der *Lammer*’, mit Zugehörigkeitssuffix *-er.*
L: GFRERER 1981, II, 450.

LAMMERÖFEN, FlurN und Gh, G Scheffau
D: [lɔmɐ'(r)e:fn]
U: **798-814** (C 12. Jh.) *alpes et silvam a loco qui dicitur Strupe, et ad Purch* [Golling] (LOŠEK BN 9, 8).
E: Durchbruch der Lammer durch das → *Strubeck*; bair. *Ofen* ‘Felsenhöhle, Klamm, durchklüftetes Felsstück’ (SCHMELLER 1, 44; DWB 7, 1158, Bed. 6), → *Ofenau, Salzachöfen.*
L: SONB 135.

LAMMERRAIN, E, G Abtenau (Erlfeld)
D: [lɔmɐ'rɔɐ^{n}]
U: **1272** *Lammerrain* (GFRERER 1981, II, 139).
E: mhd. *rein* ‘Rain, begrenzende Bodenerhebung, Leite, Ufer’ mit → *Lammer.*
L: GFRERER 1981, II, 139ff.

†LAMMERSTEGEN, heute *Engelhartsbrücke*, G Scheffau
U: **788-790** *usque ad pontes que nunc vocantur Stega* (Kop. M. 12. Jh., LOŠEK NA 7,8); **798-814** *alpibus a monte qui dicitur Keizperch usque ad Stegen* (Kop. E. 12. Jh., LOŠEK BN 4, 10); **1144-1147** *de Lamerestege usque Twertnberc* (Quehenberg) *forestum* (SUB II, 329; vgl. noch SUB I, 331).
E: Brücke über die Lammer vor dem Anstieg zu den Lammeröfen; *Steg*, später erweitert durch → *Lammer.*
L: ANB 642.

LAMMERTAL, KG, ZH, G St. Martin am Tennengebirge (Pongau)

D: ['lɔmɐtɔɪ]
U: **1207** *decimam ad Lamertal* (SUB III, 81, Z. 15).
E: Nur der oberste Talboden des Lammertales oberhalb von → *Lungötz* trägt diesen Namen; vgl. REIFFENSTEIN 2014, 495. Obwohl das *Lammertal* seit alters zur Pfarre und G St. Martin gehört, werden die paar Höfe des Talbodens hier mitbehandelt, um so das ganze Tal der Lammer vom Ursprung bis zur Mündung in die Salzach darstellen zu können.
L: GFRERER 1989, 361ff.

LANGENBERG, OBER-, UNTER-, KG, G St. Koloman, G Kuchl
D: ['lɔŋᵊnbɛɐg]
U: **1560** *Langenperg* (ZILLER 1982, 96).
E: der langgezogene Höhenrücken und das Vorland zwischen der → *Taugl* (Tauglbrücke) und der → *Strubau.*
L: ZILLER 1982, 96.

LANGWIES, R, G Vigaun (St. Margarethen)
D: [lɔŋ'wi:s]
U: **1487** *ain peunten zu langwisen bey dem werch* (DOPPLER, MGSL 16, 242); **1498** *die Lanngwis vnd pawngarten zu Pabenhofen gelegen zwischen hellen und kuchel* (DOPPLER, MGSL 16, 360).
E: ‘lange Wiese’.

LANZ, R, G St. Koloman; **LANZEN**, W, G Golling (Torren)
D: [lantsn]
U: **1354** *Lantzenperch ob atnot* (HHStA AUR 1354 X 16) – eher nicht hierher.
E: PN *Lanzo*, Kurzform von *Lambertus* (Kaufmann 1968, 226), *Lantfrid* o.ä. (ZILLER 1986, 158).
L: RETTENBACHER 1982, 443; ZILLER 1986, 158.

LASSER, E, G Krispl
D: ['lɔssɐ, 'lossɐ]
U: **1560** *Lossergut* (U 53 a, ZILLER 1986, 158).
E: vielleicht zu mhd. *lâzen* ‘zur Ader lassen’, ‘Hof eines *Lassers*, Baders’; auf *â* der Stammsilbe weist jedenfalls auch das altertümliche dialektale [o], das auch durch die zugehörigen FlurN → *Looswald, Looswand* bestätigt wird.
L: ZILLER 1986, 158.

LASTERHUB, E, G Adnet (Riedel)
D: ['lɔstɐhuɐb]
U: **1212/1312 [1382]** *von dem guet Lasterhub* (Abschrift. 14. Jh., Nonnberger Urbar, DOPPLER, MGSL 23, 51); ca. **1334** *Lasterhuob* (C 2. Hälfte 14. Jh., ib. 103); **1405** *Lasterhueb* (ib. 51); **1881** *Lasterhub am Riedel* (MGSL 21, 8).
E: mhd. *laster* ‘Laster, Schande’. Mit was für einem *Laster* war die *Hube* verbunden? Haus, das wegen Lasters (Hurerei?) verrufen war? Es gab den *Lasterstein*, den „gefallene Weiber“ öffentlich tragen mussten (DWB 6, Sp. 263; SCHMELLER 1, 1522).

LEHEN, E, St. Koloman; E, G Abtenau (Schorn)
D: [lɛ:n, 'lɛ:xnɐ]
U: **1325** *Dietrich von Lehen* (F. ca. 1470, SUB IV, 355, Holzdiener im Kuchltal).
E: mhd. *lêhen* 'Lehen, Zuhof' oder *lôch, lôhes* 'Wald'.

LEIS, W, G Kuchl
D: [laɪsn]
U: **1405** *Chunrad der Leis zu Vigaun;* **1450** *Chunrat Leys* (beide Bel. nach ZILLER 1986, 161); **1459** *Chunradten Leys* (DOPPLER, MGSL 14, 106); **1550** *Christan Leys*; **1605** *Jacob Leuß* (Bel. nach ZILLER 1986, 161).
E: Übername *der Leise, Behutsame* (ZILLER 1986, 161).
L: ZILLER 1986, 161; *HB Kuchl* 275f.

LEITEN, R. G Kuchl (Unterlangenberg)
D: [laɪtn]
U: **1212/1312 [1382]** *guet auf der Leitten* (C 14. Jh., Nonnberger Urbar, MGSL 23, 51); *Hans Weber Vntterleitner* (ib. 50); *sand Dionnisigartten vnter der Leitten* (ib. 52); *Preid untter der leitten* (ib. 52); *Chunrat auf der leitten* (ib. 52); **1325** *Vlrich Grifter* [wohl *Grifterer* bei Kuchl] *unter der Leiten* (F. ca. 1470, SUB IV, 354, Z. 32 [Holzdiener im Kuchltal]); ca. **1334** *Eisengromus de Leiten* (C 14. Jh., Nonnberger Urbar, MGSL 23, 102); **1405** *hofstat under der Leiten* (ib. 51).
E: → *Leite* 'Abhang'.

LEITENHAUS, KG, R, G Abtenau
D: ['laɪtnhaʊs]
E: *Haus* an der → *Leite.*
L: GFRERER 1981, II, 353ff. (355).

LENGFELDEN, W, G Vigaun (Rengerberg)
D: [lɛŋ'fɛɪ'n]
U: **1238** *Wernherus miles de Lengenvelt ecclesiam apud turrim suum Vrimos pro remedio anime sue construens* (Kop., SUB III, 489, Nr. 936).
E: *-feld* mit Adj. *lang* (D. Sg. *lengin*), vgl. HELSON 1, 74.
L: *Vigaun* 1990, 216f.; über *Werner von Lengenfeld* vgl ZAISBERGER/SCHLEGEL 189; vgl. auch → *Bürger.*

LENGGRIES, Hf, G Kuchl (Georgenberg); **LENGRIES**, Hf, G Scheffau
D: [lɛŋ'griɐs]
E: mhd. *griez* 'Kies, Sand' mit *lang* = 'langgestrecktes Kiesufer'.
L: VON REITZENSTEIN 2006, 153 (*Lenggries*); *HB Kuchl* 256.

LIEMBACH / LIENBACH, GewN, jetzt im Unterlauf → *Aubach*, Seitenbach der Lammer; E, G Abtenau (Pichl)
D: ['lɛɐⁿbɔx]
U: **1130** *silvę terminus sursum á superioris Strumbergesekke ex una parte Lamere et ex altera parte eiusdem fluminis Lŷmbach incipit et deorsum ex utraque parte Hartberc finit* (SUB II, 222, Z. 15; vgl. auch SUB I, 331, Vorbemerkung);

1243 *possessionibus in Limpach* (SUB III, 554, Z. 21); **1250** *predio, quod Linpach dicitur* (SUB IV, 8, Nr. 9); **1265** *et ex altera parte Lamere amnis, qui dicitur Liennepach, defluit in ipsam Lameram* (SUB IV, 47, Nr. 48); **1473** *lienpacher ... In der Abtnaw* (DOPPLER, MGSL 15, 92); **1514** *meinen wald pach vnd werchstat so ich gehabt hab vnd gelegen ist in der abbtenaw genant der Riglaus vnd stost an dem lienpach* (OU 1514 III 03).
E: *-bach* mit mhd. *limmen* 'knurren, knirschen, heulen', mit späterer Diphthongierung von *i* > *ie* vor Nasal (KRANZMAYER 1956, 41).
L: ANB 672; SONB 152; STRABERGER 1974, 72; GFRERER 1981, II, 527f.; ZILLER 1986, 163; GREULE 2014, 314.

†LINDBERG, Stollen am Dürrnberg/ Hallein
U: **1449** *in den Pergen auf dem Dürrenperg ... in sannd Görgenperg im Lindperg* ... (Ins. in. Or. 1454, DOPPLER, MGSL 14, 58); **1458** *der Lynntperg* (Ins. t. Or. 1460, DOPPLER, MGSL 14, 142).
E: *-berg* 'Bergbau' mit mhd. *lint* 'Schlange, Lindwurm' oder *linde* 'weich, zart', Abbau von „weichem" Stein?

LINDENTAL, KG, R, G Abtenau
D: [lindn'tɔɪ]
U: **1272** *von den Linden* (ZILLER 1986, 163).
E: *Tal* mit *Linden.*
L: GFRERER 1981, II, 327ff.; ZILLER 1986, 163.

LOHER, R, G Kuchl (Gasteig); **†LOCH**, G Kuchl (Strubau)
D: ['lo:'ɐ]
U: **1325** *Fridrich aus der Hinterlo, Iacob von der Voderlo* (F. ca. 1470, SUB IV, 354, Nr. 312) (Holzdiener, bei Kuchl); **1325** *ein gût ze Lohen* (SUB IV, 358, Z. 1); vor **1369** *Hainricus Schwalber de Hindernlo(e)* (*HB Kuchl* 379); **1436** *Pewntlein ... genantt der loch das alles gelegen ist tzw Strubau in der Aw* (DOPPLER, MGSL 13, 113); **1439** *Pewntl genant der Loch gelegen zu Strubaw in der Aw* (ib., 121).
E: mhd. *lôh* 'Wald' (als Dialektlautung wäre allerdings ['lɔuɐ] zu erwarten); vgl. ZILLER 1986, 164 (*Loach*) oder zu mhd. *loch* 'Vertiefung, Loch'?
L: *HB Kuchl* 379.

LOIMANN, W, G Abtenau (Pichl)
D: ['loɪmɔ^{n}]
U: **1498** *Lewbmanshof*; **1604** *Leomanshof* (GFRERER 1981, II, 517).
E: PN *Liubman.*
L: GFRERER 1981, II, 517.

LOIMER, E, G Krispl
D: ['loɪmɐ]
E: → *Loimann.*

LOOSWALD, -WAND, FlurN, G Krispl (Gaißau)
D: ['lo:svɔɪd, -vɔnd, 'lɔs-]
E: gehört zum HofN → *Lasser.*

LUEG, PASS, Talenge (Klamm) der Salzach zwischen Werfen und Golling, G Golling
D: [bɔss 'luɐg], umgangssprl. [bɔss 'lu:ɛg]
U: **1160** *apud clusam iuxta Weruen* (SUB II, 490); **1177-1216** (C um 1250) *in Pongæv infra Speluncam*; *Vorstampt infra Speluncam* (KLEIN, MGSL 75, 164, 167); **1207** *apud Luge* (SUB III, 78, Nr. 595); **1241** *locum qui dicitur Lůch* (SUB III, 516, Z. 20); **1241** *Luoch* (PRINZINGER, MGSL 21, 2); **1291** *daz Lvͦch* (SUB IV, 196, Z. 36); **1291** *castrum foraminis et Rastat* (SUB IV, 194, Z. 25, 195, Z. 10); **1390** *durch den Lueg fuer Werffen* (HHStA, AUR 1390 VI 15); **1526** *durch den lueg* (C 18. Jh., LEIST, MGSL 27, 335), **1526** *den lueg* (C 18. Jh., ib., 327), *des luegs halben* (ib.); **E. 18. Jh.** *in Lueg* (ZILLNER, MGSL 3, 264).
E: lat. *clusa, spelunca* 'Höhle'; *foramen* 'Öffnung, Loch'; mhd. *luoc* 'Höhle, Lager-, Lauerhöhle des Wildes'; der Name bezeichnet die Salzachklamm, die Höhlen der → *Salzachöfen* und den Weg durch die Klamm. Dass man von der Höhe des Pass Lueg ins Flachland *luegt* (wie PRINZINGER, MGSL 21, 2, Anm. 2 gemeint hatte), war nicht namengebend.
L: ANB 689; SONB 136; HHS 398f.; VON REITZENSTEIN 2016, 18f.

LUNGÖTZ, R, G Annaberg
D: [luŋ'gets]
U: **15. Jh.** *datz dem pründlein in der Lunkawitz* (*Lungkawitz*; Erl. z. Histor. Atlas I/1, 1917, 50f.).
E: slaw. *lǫka* < urslaw. **lanka* 'Sumpfwiese' mit Suff. **-ovice*; bemerkenswert ist die Erhaltung des Nasals (BLASSNIGG).
L: SONB 180; GFRERER 1989, 313; JULIAN BLASSNIGG (brieflich, 2016).

LUNZ, H, G St. Koloman (Oberlangenberg); **LUNZEN**, W, G Kuchl (Georgenberg)
D: ['luntsn]
E: unklar; zu mhd. *lunz* 'Schläfrigkeit', bair. *lunze(l)n* 'leicht schlummern', *lunzet* 'schläfrig; weich' (SCHMELLER 1, 1495f.), als Übername eines Langsamen, Verschlafenen? Vgl. noch nö. *Lunzen*, SCHUSTER 1989-1994, II, 503.
L: RETTENBACHER 1982, 442.

M

MARIA-BRUNNECK, Kapelle am Pass Lueg, G Golling
D: [mɐ'riɐ bru'nek]
E: *Marienkapelle* zu→ *-egg* mit mhd. *brunne* 'Quelle'.
L: MGSL 2, 73; MGSL 37, 63; 161: Kapelle *Brunnecken.*

†MÄUSEL, FamN, Gollinger Gericht
U: **1444** *Jörg Mäwsel Jörg Stadler zechbröbst Nicla* (DOPPLER, MGSL 14, 15); **1457** *Wolfgang Mewsel* (DOPPLER, MGSL 14, 95).
E: Übername 'Mäuschen'.

MAYERHOFER, ZH, G Kuchl (Kellau)
D: ['mɔɐho:fɐ]
U: **1393** *Chunrat Mayrhouer* (DOPPLER, MGSL 12, 266).
E: → *-hof* mit → *meier*, 'großer Bauernhof'.

†**MAYRLEHEN** zu *Baumhofen* (St. Margarethen, G Vigaun), heute *Kainzen* und *Liederer*
U: **1405** *in daz Maierlehen* (Nonnberger Urbar, DOPPLER, MGSL 23, 50); **1212/1312** *Hainreich der Mair u. Chunrat sein pruder dient von dem gut zu Páwenhofen* (C 14. Jh., ib., 50).
E: → *-lehen* mit → *meier*.
L: *Vigaun* 1990, 210f.

MÖRTLBACH, GewN, Gaißau, G Krispl; Seitenbach des Almbaches (ÖK 25V von 2012: **MIRCHTLBACH**)
D: ['miɐ(x)tlbɔ:x]
U: v. **1233** *usum lignorum in ripa Irchelbah* (SUB III, 443, Nr. 892); **1245** *in silva Yrchelpach nuncupata culta et inculta* (SUB III, 606, Nr. 1058b); **1245** *ab Yrchelpach usque in summitatem montis Æmzensperge nuncupati* (SUB III, 607, Z. 31); **1266** *Irchelbach* (MARTIN Reg. 1266 Mai 12, S. 60, Nr. 458); **15. Jh.** *dem Snegraben nach in den Ertlbach* (KLEIN, MGSL 86/87, 71).
E: → *-bach* mit mhd. *irch* '(Ziegen-) Bock', Diminutiv (zum Benennungsmotiv vgl. die → *Gaißau*, die der Mörtlbach durchfließt). Im Dialekt konnte (unsystematisch) ein [t] als Gleitlaut zwischen [x] und [l] eingefügt werden: [irxl] > *[irxtl, iɐxtl] (KRANZMAYER 1956, 99; vgl. auch → *Köstendorf*, HELSON 1, 67f.); die Entwicklung von **Irchtlbach* > *Mörtlbach* erklärt sich aus den lokalen Dialektverhältnissen: Da im Dialekt des Flach- und Tennengaues die Lautgruppe *-rt-* als [-xt-] ausgesprochen wird/wurde und Primärumlaut-*e* vor *r* zu [i] „gehoben" wird ([fiɐxtig] 'fertig'), konnte [iɐxtl] als *Ertl-* aufgefasst und entsprechend geschrieben werden (s. Bel. aus dem 15. Jh.); im Dat. (*am Ertlbach*) konnte das *-m* zum Namen gezogen werden (*am Ertl-* > **am Mertl-*); da Primärumlaut-*e* seit dem 17. Jh. oft durch <*ö*> wiedergegeben wurde, kam es schließlich zur Schreibung *Mörtl-*.
L: STRABERGER 1974, 77; KLEIN 1946/47, 67, 71; STEINHAUSER 1948/49, 81ff. (mit z.T. anderer Erklärung der Lautgeschichte).

MOOS, D, G Kuchl; **GROßMOOS**, Hf, G Kuchl (vgl. auch → †*Freimoos*)
D: [mo:s]
U: **1325** *ein gůt haizzet ze Mos, ein gůtel haizzet Reut bei Mos* (SUB IV, 357, Z. 38); **1393** *ain guet datz dem Dorner auf dem Mos* (DOPPLER, MGSL 12, 266); **1459** *Micheln von Mos* (DOPPLER, MGSL 14, 106).
E: → *mos*.
L: *HB Kuchl* 319.

MÜHLGRUB, Hf, G St. Koloman (Oberlangenberg)
D: ['mi:gruɐb]
U: **1393** *Ein guet ze Mülgrub ... Daz*

ander guet datz Mülgrub (DOPPLER, MGSL 12, 266).
E: mhd. *gruobe* 'Grube, Einsenkung, Höhle' mit *mül(e)* 'Mühle'.

MÜHLRAIN, E, G Abtenau (Waldhof)
D: ['mi:rɔɐⁿ]
U: **1272** *Mülrain LXX cas.*; **1331** *Seydlinus de mülrain*; **1626** *Müllrain* (Bel. nach GFRERER 1981, II, 188f.).
E: mhd. *rein* 'Rain, begrenzende Bodenerhebung, Ufer' mit *mül* 'Mühle' (am Schwarzenbach, GFRERER 1981, II, 189).
L: GFRERER 1981, II, 188f.

†**MUNTIGL** → *Adneter Riedl*; *Aigen* (G Vigaun)

N

NEFFHOF, R, G Rußbach (Schattau)
D: [nɛff]
U: **1336** *item datz Nefhof ein gůt* (SUB IV, 428, Z. 39).
E: → *-hof* mit mhd. *näve, nëf* 'Neffe, Schwester-, Brudersohn'.
L: SONB 102.

NEUBACH, KG, D, G Annaberg
D: ['naɪbɔ:x]; der **NEUBACHHOF** im Neubachtal, auf einer Terrasse über dem Bach, hat die zu erwartende Dialektaussprache ['noɪbɔ:x]
U: **1337** *Nevnpach* (HHStA, AUR 1337 IV 23); **1410** *in dem neum pach* (HHStA, AUR 1410 X 05).
E: „*neue* Siedlung im Seitengraben (*Bach*)".
L: GFRERER 1989, 314ff., 344.

†**NEUPRUCH**, bei Adnet ? (lt. Reg)
U: **1325** *daz gůt datz Nevpruch* (SUB IV, 357, Z. 37).
E: bair. *Neubruch* 'durch Rodung gewonnenes Grundstück, das das erste Mal aufgebrochen und als Acker verwendet wird' (WBÖ 3, 1130).

NEUREIT, E, G Krispl; W, G St. Koloman; Hf, G Hallein
D: [ˈnoi-, ˈnairait]
U: **1478** *Ain guet genant in dem Obern graben* (→ *Obergraben*, Hf, G St. Koloman) *hat yetz Inn Niclas Neurewtter im Kucheltal gelegen* (DOPPLER, MGSL 15, 133).
E: → *Reit, Reut* (häufiger Rodungsname) mit *niuwi* 'neu'.
L: RETTENBACHER 1982, 435f.; ZILLER 1986, 180.

NIEDERGRUB, G Adnet, → *Grub*, R
D: ['ni:dɐgruɐb]
U: **1393** *ain guet datz Nider grueb* (DOPPLER, MGSL 12, 265).
E: → *Grub.*

NIEDERKENDL, G Vigaun, → *Kendl*
D: ['ni:dɐkhɛndl]

U: **1325** *Eufemia von Niedernchendel* (F. ca. 1470, SUB IV, 55, Z. 7).
E: → *Kendl*, G Vigaun.

NIEDERNKAR im Kuchltal, nicht im OV
U: **1459** *ain guet ze Nidernkar. Das yetz Peter von Nidernkar Inn hat* (DOPPLER MGSL 14, 125).
E: mhd. *kar* 'Schüssel, Mulde, Einsenkung', vgl. → *Karalm.*

NIGELKAR, Alm, G Vigaun
D: ['ni:glkhɔɐ]
E: unklar; zu *Nigel* 'Igel'? (SCHMELLER 1, 1734); 'kleiner Bub, Knirps' (SCHATZ, Tir. Wb. 2, 452); 'kl., untersetzter Mann; Kurzform von *Nikolaus*' (ZILLER 1995, 138)?

O

OBER- ist immer im orographischen Sinn zu verstehen, am Oberlauf eines Fließgewässers

OBERALM
D: ['o:wʳɔɪm]
U: **798-814** (C E 12. Jh.) *in villa Albîn* (LOŠEK BN 3,10), *presbiter capellanus (Otilonis) … de illa genealogia hominum de Albina* (LOŠEK BN 8.1), *hoc ipsum ad Albinam* (LOŠEK BN 8.4); **930** *ad Albinam* (SUB I, 149); **1147-67** (C M 13. Jh.) *Pabo de Albin, Engilpreht et Liuttold et Heinricus de Albin* (SUB I, 418); **1147-67** *Gunthervs de Albin* (SUB I, 437); **1147-67** *Marchwardus de Alben* (SUB I, 528); **1181** *Glâes et Alben, inter quas quae de Alben advenerat* (C E 12. Jh., MG SS 11, 90); **1188** *Chu(o)nradus de Albun* (SUB II, Nr. 461, 626, Z. 16); nach **1192** *duos mansus ad Alben superiori* (SUB I, 494); c. **1207** *Ekericus de Alba* (SUB I, 733); **1233/34** *acta sunt hec in Alben* (SUB III, 613, Nr. 1066 a); **1242** *Vlrico Albenario* (SUB III, 544, Nr. 993); **1244** *Vlricus de Alben* (SUB III, 591, Z. 4); **1246** *Dat. Huius apud Obern Alben* (SUB III, 636, Z. 25); **1279** *Gebolfo te* (!) *Obernalben* (SUB IV, 111, Z. 13); **1299** *ein mul datz Alben* (SUB IV, 248, Z. 15); **1403** *Wolfhart von der Alben, … Mert von der Albem* (SPATZENEGGER, MGSL 5,182); **1423** *Oberalben* (HHStA, AUR 1423 VIII 30); **1488** *Lienhart gmas wonhaft enhalb der alben in helinger pfarr vnd glanegker gericht* (DOPPLER, MGSL 16, 243), *Peter rerer auch wonhaft enhalb der alben ain peunten gelegen daselben bey der alben zenagst neben des Gmas mül* (ib.); **1604** *Ober Albm raumen* (ZILLNER, MGSL 4, 27).
E: → *Alm(bach)*; der GewN dient auch als ON; das unterscheidende *ober-* (im Gegensatz zu *Nieder(alm),* HELSON 1, 87) erscheint erstmals nach 1192 (*ad Alben superiori*) und 1423. Die Unterscheidung von *Ober-* und *Niederalm* ist orographisch motiviert: der → *Almbach* (bei *Oberalm*) mündet etwas *ober*halb des *Almflusses* (bei *Niederalm*) in die Salzach.

L: ANB 26; SONB 51; HELSON 1, 5f. (*Alm*), 87 (*Niederalm*). – Vgl. auch BRETTENTHALER 1978.

OBERANGER, W, G Krispl (Gaißau)
D: ['o:wɐʳɔŋɐ]
E: mhd. *anger* 'Grasland, Wiese' mit *ober-*, vgl. → *Angerer*.

OBERGÄU, KG, G Golling
D: ['o:wɐgaɪ]
E: ahd. *geuui, gouui* 'Land, Flur, Gau', *Gäu* 'Bauernland (im Gegensatz zur *Stadt* oder zum *Gebirge*)' in allen bair. Mundarten geläufig (SCHMELLER 1, 853ff.; REIFFENSTEIN 2013, 41ff.), mit *ober* im orograph. Sinn (von Golling aus gesehen an der *oberen* Salzach).

OBERGRABEN, Hf, G St. Koloman
D: ['o:wɐ'grɔ:m]
U: **1478** *Ain guet genant in dem Obern graben hat yetz Inn Niclas Neurewtter im Kucheltal gelegen* (DOPPLER, MGSL 15, 133), vgl. → *Neureit*, W, G St. Koloman; **1498** *Geörg Ramsawer dint von dem gut Obergrabm in Kuchler pfarr* (Or DOPPLER MGSL 16, 360), vgl. → *Ramsau*.
E: mhd. *grabe* 'Graben, Einsenkung', zwei Höfe: *Ober-* und *Untergraben*.
L: RETTENBACHER 1982, 436.

OBERHASLER, Hf, G Abtenau (Hallseiten)
D: ['o:wɐ'hɔ:slɐ]
U: **1336** *daz vorgenant guot ze Oberhaselaow* (Urkunden Nonnberg, MGSL 36, 16), *de predio in obern Haslaw* (ib., 17); **1342** *Oberhaselaw situm in Aptenawe* (ib., 22).
E: → *-au* mit mhd. *hasel* 'Haselstauden' und mit *ober*.
L: GFRERER 1981, II, 407.

OBERHOLZ b. Weißenbach, G Kuchl
D: ['o:wɐ'hoɪts]
U: **1325** *Leonhart von Oberholz* (F. ca. 1470, SUB IV, 354, Z. 35).
E: mhd. *holz* 'Wald' mit *ober-*; vgl. HELSON 1, 90.

OBERKENDL (Hallein-Kuchl)
D: [o:wɐ'khɛndl]
U: **1325** *Chunrat Tunhofen von Oberchendel* (F. ca. 1470, SUB IV, 355, Z. 7).
E: mhd. *kenel* 'Wasserrinne, Kanal', vgl. → *Kendl* und HELSON 1, 63.
L: SONB 152.

OBERLANGENBERG, KG, G St. Koloman, → *Langenberg*
D: [o:wɐ'lɔŋ^ən^bɛɐg]
U: nach **1600** *Langenperger Rott* (RETTENBACHER 1982, 442).
E: der '*obere lange Berg*', Höhenrücken zwischen → *Taugl* und → *Strubau*, → *Langenberg*.
L: RETTENBACHER 1982, 442ff.

ÖD, G Golling (PN), **ÖDER** FamN
D: [ɛ:d]
U: **1457** *Hanns Oeder Pfleger vnd Vrbarambtmann zu Goling* (DOPPLER, MGSL 14, 95); **1459** *Hanns Oeder Pfleger zu Goling vnd VrbarRichter Im Kuchltal* (DOPPLER, MGSL 14, 105), *Hanns Oeder* (ib., 107); **1460** *Hanns Oeder Pfleger zu Galing vnd VrbarRichter im Kuchltal* (DOPPLER, MGSL 14, 133); **1470** *Johannes Öder zw Gölling* (DOPPLER, MGSL 15, 70).
E: ahd. *ôdi*, mhd. *œde* 'Einöde, alleinstehender Hof', → *Edgut, Edt*; vgl. HELSON 1, 148.

OFEN in der Taugl, G Vigaun?
D: [o:fm]
U: **1499** *Andre Schergenhofer zu Ofen in der Niderntawckl* (Urbar, SPATZENEGGER, MGSL 9, 65)
E: bair. *Ofen* 'Felsenhöhle, Klamm, durchklüftetes Felsstück' (SCHMELLER 1, 44; DWB 7, 1158, Bed. 6), → *Lammeröfen, Ofenau, Salzachöfen.*
L: SONB 135.

OFENAU, W, G Golling
D: [o:f'naʊ]
E: → *-au* mit → *Ofen*, liegt am Ausgang der → *Salzachöfen.*

OFENAUERBERG, BergN (931 m), am Rand des Hagengebirges, über den → *Salzachöfen*
D: [o:f'naʊɐ'bɛɐg]
U: **1299** *den walt an dem Offenperig* (SUB IV, 248, Z. 11); **1304** *den wald an dem Offenberg* (SUB IV, 272, Z. 11); **1897** *Ofenauer Berg* (MGSL 37, 63).
E: *-berg* mit → *Ofenau*, ursprgl. mit (Salzach-)*Ofen.*

OIS, E, G Krispl
D: [oɪs]
E: unklar.

P

PERNEGG, D, G St. Koloman
D: [bɛɐ'nek]
U: **1393** *ain guet pernekk* (DOPPLER, MGSL 12, 266); **1436-1440** *Pernegk* (HHStA, AUR 1436-1440); **1463** *ain hof zu pernegk in der Tawgkl in Golinger gericht* (OU 1463 II 07); **1467** *ain hof zu pernegk in der Tauckel in Golinger gericht* (OU 1467 VI); **1469** *Ein Hof zu Pernek in der Taukel im Golinger Gericht* (CLANNER, MGSL 25, 28); **1520** *Ainen hof zu Pernnegk in der Tawkl auch in Gollinger gericht* (OU 1520 V 25); **1596** *Michael Pernegger bei Sannt Colman* (RETTENBACHER 1982, 434);
E: *-egg* mit mhd. *bër* 'Bär' (Bären hat es in dem entlegenen Wald- und Berggebiet bestimmt gegeben) oder mit dem ahd. PN *Bero*. Aus dem W *Pernegg* entstand spät das Dorf → *St. Koloman* (Kirche urk. **1506**, *St. Koloman in Perneck*).
L: RETTENBACHER 1982, 434.

†PERNHAUPT, heute *Vorder-Rußegg* und *Hinter-Rußegg,* Hf, G Kuchl (Kellau)
***U:* 1293** *Zachreis von pernhaupt* (ZILLER 1986,40); **1393** *Hainrich pernhaup* (MGSL 12, 266); **1478** *das guet zu golling da yetzund Conradt pernhaubt auf sitzt vnd dient...von hoff...von der öden hueb...* (DOPPLER, MGSL 15, 138), *Das Gut Pernhaupt in Kellau* (Vermerk zu 1478; ib.); **1483** *das guet zw gallgen da yetzo Cunradt pernhaubt auff siczet vnd dient...vom hof...von der Oeden hueb ... gelegen ... In Kuchler pfarr vnd In gallgner gericht* (DOPPLER, MGSL 16, 215); **1547** *Cuentz Pernhaupt*; nach **1610** *Caintz Bernhaupt*; **1671** *Konrad Pernhaupt* (Bel. nach *HB Kuchl* 395).
E: Entweder Übername für einen Bauern mit einem mächtigen Wuschelkopf oder für den Kopf eines erlegten Bären (als Jagdtrophäe).
L: *HB Kuchl* 395f.; ZILLER 1986, 40.

†PFAFFENHAUSEN, Bergbau am Dürrnberg
***U:* 1307** *in unsern obern pergen datz Pfaffenhousen* (SUB IV, 290, Z. 13); **1311** *sinchwerich datz Pfaffenhousen in unsern perigen* (SUB IV, 300, Z. 26); **1330** *schaftricht ze Phaffenhausen* (SUB IV, 391, Z. 22).
E: *-haus* (Dat. Pl.) mit mhd. *pfaffe* ‘Geistlicher’.

PFANNHAUS, E, G Abtenau (Seetratten)
D: ['pfɔnhaʊs]
E: verweist auf eine ehemalige Saline (*Pfanne*, Sudhaus); benachbart die → *Hallseiten*.
L: SONB 169; GFRERER 1981, I, 231f.; II, 396ff.

PFANNREIT, E, G Krispl (hinterste Gaißau)
D: ['pfɔnraɪt]
E: → *-reit* mit mhd. *phanne* ‘Pfanne; Geländevertiefung’ (WBÖ 3, 10, Bed. 3,c), in der Gaißau ist *Pfann-* kaum Hinweis auf eine Sudpfanne (wie bei → *Pfannhaus, †Pfannwit*).

†PFANNWIT bei Hallein
***U:* 1284** *lignorum quantitas, que pfanwits dicitur* (SUB IV, 140, Z. 35).
E: mhd. *wit* ‘Holz’ (Gen. Sg.) zum Beheizen der *Pfannen.*

PFENNINGPOINT, Hf, G Kuchl
D: ['pfɛniŋbo$\mathrm{ɪ}^{n}$t]
***U:* 1393** *ain guet ze pfenichpewnt* (DOPPLER, MGSL 12, 265).
E: → *-peunte* mit mhd. *phenich* ‘Hirseart’ (lat. *panicium*) ‘Hirsefeld’; vgl. → *Pfenninglanden,* G Straßwalchen; HELSON 1, 95 (dort noch ohne Erklärung).
L: *HB Kuchl* 252.

PICHL, KG, G Abtenau; **PICHLER**, W, G Golling; Hf, G Scheffau; **PICHLGUT**, R, G Kuchl (Weißenbach); **PICHLHOF**, W, G Kuchl (Moos); **PICHLHÖHE**, R, G Abtenau; →

BICHL, R, G. St. Koloman
D: ['bi:hɪ]
U: **1473** *Puchlär ... In der Abtnaw gelegen* (DOPPLER, MGSL 15, 92).

†PICHL (PÜCHEL/PÜHEL), Gut bei Urstein, G Puch
U: **1477** *ain gut genannt ze püchel hinten an des giligen gut bey vrstain in glanegker gericht gelegen* (DOPPLER, MGSL 15, 128), *Jacob hueter zw püchel* (ib.); **1478** *ain gut genannt zepüchel hinten an des giligen gut bey vrstain in glanegker gericht* (ib., 136); **1496** *Kristan Erenrewtter von puech* (DOPPLER, MGSL 16, 333); **1496** *gut genannt zu püchel gelegen bey Vrstain In glanegker gericht* (DOPPLER, MGSL 16, 334); **1497** *ain gut genannt ze püchel vnter puech In glanegker gericht gelegen das der Erenreitter zw erbrecht hat* (DOPPLER, MGSL 16, 339); **1498** *das gut Pühel in Glanecker gericht* (DOPPLER, MGSL 16, 360); *Gut genannt zu püchel gelegen bey Vrstain* (ib., 334); **1497** *ze püchel vnter puech* (DOPPLER, MGSL 16, 339).
E: mhd. *bühel* 'Bühel, Hügel'.

PICHLGUT am Brettstein, G Vigaun
U: **1212/1312[1382]** *von guet ze Puheln* (C14. Jh., DOPPLER, Nonnberger Urbar, MGSL 23, 49); ca. **1334** *dacz Puheln* (ib., 102); **1405** *Puhel* (ib., 49).
E: ahd. *buhil,* mhd. *bühel* 'Bühel, Hügel'; WBÖ 3, 1329ff. → *Bichl, Pichl.*
L: ANB 95ff.; SONB 126f.

PILLGRUB, H, G Krispl
D: ['bi:gruɐm]
U: **1560** *Pilgram* (U 53a) *Pilgreim* (U 242, 5; Bel. nach ZILLER 1986, 44).
E: PN *Pilgram* (lat. *peregrinus* 'Pilger'), *-gram* verändert zu *-gruob.*
L: ZILLER 1986, 44.

PLAICK, Hf, G Abtenau (Wegscheid); **PLAIK**, R, G Hallein (Dürrnberg)
D: [plɔɐkh]
U: **1306** *Heinrich von Plaich* (SUB IV, 282, Z. 18); **1325** *ein gůt haizzet Plaicch* (SUB IV, 357, Z. 36).
E: ahd. *bleihha,* mhd. *bleihhe*, bair. auch *-ck-* 'Bleiche, Blässe; durch Erdrutsch entstandene blanke Stelle', WBÖ 3, 348f., Bed. 4; BWB 2, 1231ff., Bed. 9. Die Halleiner *Plaik* markiert noch immer die Abgangsstelle des großen Bergsturzes in nachrömischer Zeit, vgl. → *Faistelau.*
L: ANB 113; SONB 131; HELSON 1, 96f.

PLANITSCHEN, Hf, G Kuchl (Kellau); †G Vigaun (Riedl)
D: [pla'nitʃn]
U: **1459** *Pauln Planitzer* (DOPPLER, MGSL 14, 106); **1721** *Konrad Schorn auf der Planitschen* (*HB Kuchl* 396).
E: lat. *planitia* 'Ebene'.
L: *Vigaun* 1990, 215; *HB Kuchl* 396; VON REITZENSTEIN 1991, 90; LINDNER 2008, 39.

POMMER, Hf, G Annaberg (Astauwinkel)
D: ['pomɐ]

U: **1604** *Guetl Pomer oder Sulzen genannt* (GFRERER 1989, 274).
E: mhd. *bodem* 'Boden', im Flach- und Tennengau im Dialekt [bo:m], WBÖ 3, 529, häufig 'ebener Boden, ebene Weide', mit Zugehörigkeitssuffix; vgl. → *Bähmel,* → *Tauglboden.*
L: GFRERER 1989, 274.

PRÄHAUSEN, R, G Puch
D: ['brɛ:haʊsn]
U: **1612** *Geörg Prähauser* (LANG, Puch 1998, 374).
E: *-haus* mit lat. *prae* 'vor' als Hervorhebung, vgl. HELSON 1, 99.
L: LANG 1998, 374.

PRAINIEß, Hf, G Rußbach
D: [pra'ni:əss]
E: unklar.

†PRANTAU (Gollinger Gericht) → *Branterer*

PREMLEITEN, Hf, G St. Koloman (Tauglboden)
D: [prɛ:m'laɪtn]
U: **1497** *Wolfgang an der premleytten ym Tawkelpoden* (DOPPLER, MGSL 16, 336).
E: *Leite* 'Abhang' mit mhd. *brëme* 'Bremse, stechendes Insekt' (vgl. auch WBÖ 3, 858ff.).
L: RETTENBACHER 1982, 449.

PREMM, ZH, G Krispl (Gaißau)
D: [brɛ:m]
E: mhd. *brëme* 'Bremse, stechendes Insekt' (vgl. auch WBÖ 3, 858ff.).
L: ZILLER 1986, 53.

PUCH
D: [buɐx, pu:x]
U: c. **798-814** *usque fagum stantem in medio campo in australi parte ipsorum, quod uulgo dicitur haganpůcha* (C 12. Jh., LOŠEK BN 2,3); **930** *inter duo loca, id est Lenginueld et Puoche* (SUB I, 148, Z. 16); **930** *ad Puochę* (SUB I, 149, Z. 15); c. **1136** *ad Půcha iuxta fluvium Salzaha* (SUB I, 352, Z. 29); **1241** *apud Půch* (SUB III, 516, Z. 17); **1461** *Puech* (HHStA, AUR 1461 IX 01); **1470** *Andree Erenreitter von puech* (DOPPLER, MGSL 15, 71); **1497** *gotzhaus ze puech* (DOPPLER, MGSL 16, 340).
E: ahd. *buohha*, mhd. *buoche* 'Buche', im Erstbeleg ahd. *haganbuohha* 'Hainbuche', Appellativ (*usque fagum* 'bis zur Buche'), noch kein ON. *Puch* ist zwischen Salzburg und dem Pass Lueg der einzige größere Ort mit einem alten dt. ON.
L: ANB 173; SONB 141; HHS 401; LANG 1998, 365f. – Vgl. auch *Puch* 1998.

PUCHSTEIN, Schloß in Puch
D: ['buɐxʃtɔɐ^{n}]
U: **1558** *hie ligt begraben ... des ... Melichor guetrater ze puechstein eliche hausfraw* (WALZ, MGSL 11, Anh. 215).
E: → *-stein* 'Burg, Adelsansitz' mit ON → *Puch* (heute Wohnhaus in Puch).

L: DEHIO 306; ZAISBERGER/SCHLEGEL 180f.; ZAISBERGER in *Puch* 1998, 325ff.; PRINZINGER, MGSL 21, 8.

PUTZENBAUER, H, G St. Koloman (Oberlangenberg)
D: [butsn]
U: **1459** *Chunradten Putz* (DOPPLER, MGSL 14, 106).
E: Verbreiteter FamN, ZILLER 1986, 59; vgl. Übername bair. *Putz* 'Kobold; kleiner Mensch (kosend wie abfällig)'; WBÖ 3, 1569ff.; kaum Kurzform von *Burkhart* (so ZILLER 1986, 59).
L: RETTENBACHER 1982, 50; ZILLER 1986, 59.

Q

QUEHENBERG, E, G Abtenau (Leitenhaus)
D: [ˈkwɛːɐbɛɐg]
U: **1144-47** *de Lamerestege usque Twertnberc forestum* (SUB II, 329, Z. 4); **1230** *Twerhenperg*; **1272** *Twerhenpch*; **1434** *de Twerchenpg*; **1598** *Augustin Twehenperger*; **1635** *Hanns Twerchenperg*; **1691** *Simon Quehenberger*; **1786** *Georg Twechenperger*; **1825** *Blasy Gwechenberger*; **1838** *Lorenz Gwechenberger zu Obertwechenberg*; **1845, 1911** *Lorenz Quehenberger*; **1936** *Matthias Gwechenberger* (Bel. nach GFRERER 1981, II, 365ff.).
E: → *-berg* mit mhd. *twerch* 'quer, schräg' (die Quehenberghöfe liegen *quer* zwischen Schober und Lehenberg); die Schreibung des Erstbelegs (*Twertn-*) ist sicher verschrieben oder verlesen für *Twerhn-*. In der Regel hat sich anlautendes ahd. mhd. *tw-* im Oberdt. zu *zw-* entwickelt (*zwerch* 'quer', *zwingen* usw.), im Mitteldt. zu *kw-* (*quer*, *quengeln* usw). Aber die Entwicklung *tw-* > *qu-* ist auch im Bair. nicht selten zu belegen, oft auch in Namen (REIFFENSTEIN 1963, 338ff.; FINSTERWALDER 1990-1995, 271ff., 278f.). Bemerkenswert ist, dass sich anlt. *tw-* in unserem ON auslaufend bis ins 18./19. Jh. gehalten hat, gelegentlich noch im Hofnamen, während der FamN schon *Qu-* (*Gw-*) hat (1838 *Lorenz Gwechenberger zu Obertwechenberg*). Die oberdt. üblichere Entwicklung von ahd. *tw-* ist durch den Berg- und AlmN *Zwerchenberg*, G Strobl (n. der Postalm, Flachgau), 15. Jh. *Twerichsperg*, belegt; ZILLER 1982, 122.
L: ANB 823; SONB 125; REIFFENSTEIN 1963, 340ff.; GFRERER 1981, II, 365ff.; FINSTERWALDER 1990-1995, 271ff.

R

†RABENHÖH-PALFEN, FlurN, an der → *Taugl* zwischen Taugl-Mühle (→ *Römerbrücke*) und → *Birgl*, G Vigaun
U: **1881** *Die Taugl versiegt ... zwischen der Tauglmühle, dem Rabenhöh-Palfen und dem Birgl* (PRINZINGER, MGSL 21, 4).
E: bair. *Palfen* 'Felsen' (eines der sog.

Alpenwörter; WBÖ 2, 113; BWB 1, 929; HELSON 1, 94) mit *Höhe* und *Raben* ‘Felsenhöhe, die gerne von Raben aufgesucht wird’.
L: Prinzinger, MGSL 21, 4.

RABENSTEIN, FlurN (Berg bei Golling)
D: ['rɔ:mʃtɔɐ^{n}]
U: **1341** *Rabenstain* (HHStA, AUR 1341 II 16).
E: *-stein* ‘Felsen, Hügel’ mit *Raben.*
L: MGSL 21, 2; ANB 827 (mehrere Orte *Rabenstein*, nicht dieses *R.*).

RADOCH, Hf, G Abtenau (Schorn)
D: [rɐ'do:]
U: **1562** *Hans Radocher Guet Radoch*; **1604** *Hanns Rattocher am Guet Rattoch* (Bel. nach Gfrerer 1981, II, 455f.).
E: slaw. PN-Stamm *Rad-* ‘Glück; froh, tätig’, z.B. in den tschech. PN **Radechъ, Radoch* (Bergermayer 2005, 201f.). Mit unserem HofN unmittelbar vergleichbar ist vor allem der südoststeir. ON *Radochen* (G Straden, örtliche Dialektaussprache [rɐ'doxn]), 1380 *Radochen,* 1406 *Radoch* (von Zahn 1893, 376) und in Nordslowenien der ON *Raduha* mit dem BergN *Velika Raduha* (*großer Raduha*, 2062 m), 1424 *Radoch*. Vgl. auch im Register des ANB 1480 die Liste von ON, die mit slaw. *Rad-* gebildet sind. Von **Radóch* lässt sich die heutige Dialektform problemlos erklären: im Flach- und Tennengau schwindet auslautendes [-x], vgl. → *Göll.*
Die folgenden Bel. beziehen sich m.E. nicht auf *Radoch:* ca. **1130-35** *ad exortum fluminis Lamir indeque deorsum usque in Rotah* (SUB II, 210, Z. 28, Kop. M. 13. Jh.); **1242** *in Appenawe quinque feoda, Rota duo, Strubsteg tria* (SUB III, 547, Z. 11); **1331** *Vidua Andreas de Rotach*; **1530** *und thailt sich das thal Abtenau in zwai thäller* [z.B. von Lindental aus gesehen], *und ligt zu der linken seiten hinein gegen dem gesyd* [Gschütt] *der Gosach das thal Rotach und zu der rechten seitn ligt hinein gegen Radstädter gericht das Lammerthal* (Salzburger Waldbeschreibung, Gfrerer 1981, I, 63);
Gfrerer 1981, I, 63; II,455f. und ihm folgend Ziller 1982, 102 verbinden diese frühen Bel. *Rota, Rotach* mit *Radoch. Rotach* ist zweifellos die ‘rote Ache’ (vgl. → *Rettenbach*) und nach Gfrerer die frühere Bez. des *Russbaches* (vgl. vor allem die Waldbeschreibung von 1530, Gfrerer 1981, I, 63). Aber die Verbindung der Aussprache [rɐ'do:] mit überliefertem *Rotach* stößt auf m.E. nicht überwindbare Schwierigkeiten. Ich kenne keinen GewN auf *-ach* ‘Ache‘, in dem das Grundwort die Betonung trägt (Betonung immer auf dem Bestimmungswort, vgl. *Rottach, Schwarzach, Moosach, Salzach, Fischach* usw.); außerdem würde betontes *-ach* die Aussprache [-ɔ:] ergeben, nicht [-o:]. Das urkdl. *Rotach* kann sich auf einen der → *Rettenbäche* beziehen, vor allem auf den Rettenbach vor den Lammeröfen, was bei den Bel. von 1130/35 und 1242 naheliegt (so auch Straberger 1974, 93). → *Radochsberg, Randobach.*
L: SONB 126; von Zahn 1893, 376; Gfrerer 1981, I, 63; II, 455f.; Ziller

1982, 102; BERGERMAYER 2005, 201ff.; LOCHNER VON HÜTTENBACH 2015, 2, 633; JULIAN BLASSNIGG (brieflich, 2016).

RADOCHSBERG, Ried (FlurN), G Abtenau
D: [rɐˈdoːʃbɛɐg]
E: *-berg* mit → *Radoch.* Gen.-*s* > [ʃ] in der sekundären Anlautposition vor *b-* (*-s+b-* > *sb-*), daher [ʃb-] wie in z.B. [ˈɔɐmʃtɔɐf] *Arnsdorf*, [ˈɛɪʃbeˈn] *Elsbethen* (HELSON 1, 9, 23).
L: GFRERER 1981, I, 63f.; II, 428.

RAIN, Sägewerk, G Abtenau (Schratten)
D: [rɔɐ^{n}]
E: mhd. *rein* 'Rain, Ufer'.
L: GFRERER 1981, I, 286f., II, 317f.

RAMAIGRABEN, Seitengraben vom Trattberg zur Taugl, G St. Koloman
D: [rɔˈmaɪ]
U: **1439** *Raimeinpach* (HHStA, AUR 1439 IX 10); **1443** *Rameinpach* (HHStA, AUR 1443 VIII 11); **1486** *remeyspach* (HHStA, AUR 1486 III 08); **1489** *Ramespach* (HHStA, AUR 1489 XI 03); *Rameibach und -graben* (RETTENBACHER 1982, 425).
E: lat. *ramalis* 'Gezweig', **ramellus* 'kleiner Ast, Zweig', was als Metapher für den Seitengraben gut passt (STEUB 1881, 99).
L: STEUB 1881, 99; RETTENBACHER 1982, 425; LINDNER 2008, 39.

RAMSAU, Dürrnberg, G Hallein
D: [ˈrɔmsaʊ]
U: **1266** *Chunradum de Ramsoẘ* (SUB IV, 56, Z. 11); **1304** *in dem niwen perge in der Ramsawe* (SUB IV, 272, Z. 33); **1325** *Mertel von Ramsau* (Fälschung, ca. 1470, SUB IV, 354, Z. 37).
E: → *-au* mit ahd. *raban* 'Rabe' (Gen. Sg.) oder mhd. *rams* 'Bärlauch'.
L: SONB 146f.; HELSON 1, 101.

RAMSAUER, Hf, G Scheffau (Weitenau)
D: [ˈrɔmsaʊɐ]
U: **1393** *Hainreich Ramsawer* (DOPPLER, MGSL 12, 265); **1497** *ain gut In Kuchler pfarr das der Ramsawer Innhat* (DOPPLER, MGSL 16, 340).
E: Herkunftsname zu → *Ramsau,* „der von Ramsau".

RANDOBACH, GewN, G Rußbach
D: [rɐnˈdoːbɔx]
E: unklar; ob der GewN mit → *Radoch* verbunden werden kann, ist wegen des *-n-* sehr fraglich.
L: STRABERGER 1974, 90; GFRERER 1981, I, 63f.

RÄUT, RAUT(T) → *Reit*

REGENSPITZ, BergN (1675 m), G St. Koloman (Abschluss des Tauglbodens)
D: [ˈrɛːŋʃbiːds]
U: **1585** *Riegerperthorn* (ST 165/44); **1608** *Hörndl oder Regenpreth* (Beschreibung der Taugl-Jagd, ZILLER 1982, 103).
E: unklar; ob sich die zit. Belege auf den

Regenspitz beziehen, ist unsicher. Vielleicht besteht eine Beziehung zu dem FlurN *Reinsberg*, der Westflanke des benachbarten *Gruberhorns* (['raɪⁿʃbɛɐg], zu einem PN *Regin-*?).
L: RETTENBACHER 1982, 423f.; ZILLER 1982, 102f.

REHHOFSIEDLUNG, Sdlg, G Hallein
D: ['re:hof'si:dluŋ]
E: eine seit Anfang der 1950er Jahre zwischen Kaltenhausen und Rif angelegte Siedlung; sie führt den Namen des früheren *Rehhof*bauern weiter, auf dessen Gründen sie gebaut wurde.

REIT, REUT, RÄUT, sehr häufiger Rodungsname (histor. Belege oft nicht sicher identifizierbar), nach OV HofN in den G Abtenau, Adnet, Golling, Hallein (Gamp), Krispl, Rußbach; vgl. auch → *Neureit,* G Krispl, St. Koloman und Komp. mit HofN wie z.B. →*Bergers-, Brückl-, Kainz-, Pfann-, Wallmann-, Zillreit(h)* G St. Koloman, Krispl, Puch, Vigaun für Ausbausiedlungen.
D: [raɪt]
REUT am Brettstein bei Vigaun (lt. Reg) (im Ort?)
U: **1212/1312** *Fridreich von Räutt* (C 14. Jh., Nonnberger Urbar, DOPPLER, MGSL 23, 49); [**1382**] *Chunrat von Räutt* (ib. 49); ca. **1334** *Rávtt* (C 2. H. 14. Jh., ib. 102); **1405** *Räwt* (ib. 49).
REUT, G Kuchl (Moos)
U: **1325** *ein gůtel haizzet Reut bei Mos, ein ander gůtel haizzet Reut, do di Vngemecchinn ouf ist* (SUB IV, 357, Z. 38).
REUT, E, G Krispl (Gaißau)
U: **1326** *daz ræut, daz geheizzen ist Maiersleben in der Gaizzow* (SUB IV, 364, Z. 9). Nicht identifiziert: **1281** *Ditmar von Rævt* (SUB IV, 124, Z. 13); **1336** *an dem Růsekk ein gůt, dient dreizzich pfennig, item doselbs ein gůt in dem Raůtt* (SUB IV, 428, Z. 37); **1393** *Andre datz Räwt in der Abtnaw* (DOPPLER, MGSL 12, 266); **1534** Ausbruch aus *dem Gut Khyrychhoff, genanntt das Reytt ... ze Vygawn gelegen* (Urkunden Nonnberg, MGSL 40, 263).
E: ahd. *riuti* 'Rodung', *riuten* 'reuten, roden'. ON mit ahd. *riut* (bair. *Roit, Roid*) kommen (anders als im Flachgau) im Tennengau nicht vor; vgl. HELSON 1, 103, 148.
L: SONB 119f.; HELSON 1, 103, 148; WIESINGER 1994, 118ff.; reichhaltige Zusammenstellung bei ZILLNER 1878, 252ff., 254ff.

REITL, HofN in den G Golling, Krispl, St. Koloman, Vigaun
D: [raɪtl]
E: Dim. von → *Reit.*

†REITWIESENGUT auf der Garnei, G Kuchl oder bei Vigaun
U: **1212/1312 [1382]** *guet in der Wisen* (C 14. Jh., Nonnberger Urbar, MGSL 23, 49); **1405** *von einer wisen, genant Räwtwisen* (ib. 50).
E: Gut in einer *Rodungswiese*.

RENGER, W, G Kuchl (Unterlangenberg); W, G Vigaun (Rengerberg)
D: [rɛŋɐ]
E: unklar; PN *Regin-* (ZILLER 1986, 192; *Vigaun* 1990, 221) unwahrscheinlich (Kontraktion sollte zu **Rein-* führen).
L: *Vigaun* 1990, 221; ZILLER 1986, 192.

RENGERBERG, KG, G Vigaun
D: [rɛŋɐˈbɛɐg]
E: → *-berg* 'Berggelände, Gegend' mit dem HofN → *Renger*
L: *Vigaun* 1990, 221, 216ff.

RESTFEUCHT, Hf, G Krispl (Gaißau)
D: ['re:faıçtn, rest-]
E: mhd. *viuhte* 'Fichte' mit *reste, rest* 'Ruhe, Rast': eine Fichte, unter deren breiten Ästen das Vieh auf der Weide Schutz und Schatten finden kann.
L: FINSTERWALDER 1990-1995, 317.

RETTENBACH, GewN, Zufluss l. zur Lammer (bei Etz, Rettenbach)
D: ['rɛtnbɔ(x)]
U: ca. **1130-35** *ad exortum fluminis Lamir indeque deorsum usque in Rotah* (SUB II, 210, Z. 28, C M. 13. Jh.), Var. *Rorah* (ib., Anm. d., Kop. 13./14. Jh.); **1249/50** *...transpositum est rivulo Rotenpach in Lameram defluente* (SUB IV, 7).
E: ahd. *ze demo rôtin bache*, mhd. *ze dem rœten bach* (Umlaut durch die Endung *-in*), später mit Entrundung von *œ* > [ɛ] (Rotfärbung durch Erz oder Lehm). Im Erstbeleg ahd. *aha* 'Ache, Bach' mit *rot*.
L: ANB 867; SONB 151; STRABERGER 1974, 93f. (mehrere Rettenbäche); ZILLER 1986, 192; GREULE 2014, 434; zur Geologie und der daraus folgenden Rotfärbung vgl. auch GFRERER 1981, I, 10.

RETTENBACH, Hf, G Abtenau (Schorn)
D: ['rɛtnbɔ(x)]
U: **1331** *vidua de Roetenpach* (GFRERER 1981, II, 464).
E: → *Rettenbach*, GewN.
L: GFRERER 1981, II, 463ff.; ZILLER 1986, 192.

RETTENEGG, E, G Abtenau (Schorn)
D: [rɛtn'ek]
E: (bei dem) *roten* (mit Umlaut *o* > *ö* vor der ahd. Dativ-Endung *-in* und Entrundung *ö* > *e*) *Eck* (vgl. → *Rettenbach, -stein*).
L: GFRERER 1981, II, 465; ZILLER 1986, 192.

RETTENSTEIN, Hf, Reichenweg 134, G Oberalm (ANB 867f.)
D: ['rɛtnʃtɔɐ^{n}]
U: **1199-1231** *Otto de Rôtensteine* (Tr, SUB I, 499, Z. 22); **1499** *daselbs* [in dem Wistal] *Michel Doner zum Rotenstain von der lewten* ('Leiten') *genant der Ackersreyt* (Urbar, Registrum, SPATZENEGGER, MGSL 9, 65).
E: *bî dem roten steine* 'Felsen', vgl. → *Rettenbach, Rettenegg*.
L: ANB 867.

RETTENSTEIN, BergN, G Abtenau (Wallingwinkel)
D: ['rɛtnʃtɔɐⁿ]
U: **1249/50** *a summitate montis Rotenstein deorsum ad lignum, quod vulgo dicitur ein Steg* (SUB IV, 7, Z. 3).
E: → *Rettenstein*, G Oberalm.
L: ZILLER 1986, 193.

†**REUSCHEN**, Stadtteil in Hallein (lt. Reg.)
U: **1497** *haus gelegen in der Rewschen* (DOPPLER, MGSL 16, 343)
E: ahd. *riusa* 'Fischreuse, Korb', vielleicht aus mlat. *rusca* (KLUGE/SEEBOLD 597).
L: SCHMELLER 2, 1146 (*Reusen, Reuschen*); KLUGE/SEEBOLD, 597.
REUT → *Reit*

RIEDL, KG, G Vigaun, Fortsetzung des → *Adneter Riedls.*
D: [ri:'l]
U: → *Adneter Riedl.*
E: oberdt. *Riedl* 'Wulst, Bergrücken', vgl. → *Adneter Riedl.*

†**RIEDLSBERG**, Pfarre St. Koloman? Nicht im OV
U: **1393** *Mertel ab dem Rudleinsperg* (DOPPLER, MGSL 12, 266) (lt. Reg. Riedlsperg in der Pfarre St. Koloman).
E: → *-berg* mit PN *Ruodilîn.*

RIEGER, Hf, G Abtenau (Rigaus)
D: [riɐgɐ]
U: **1331** *Růger* (St.Petr. Urb. B 2); **1400** *Rüegerhof apud lamer* (U 7; beide Bel. nach ZILLER 1986, 194); *Rugerus, Rüger* (GFRERER 1981, II, 522).
E: PN *Rüediger, Rüeger*; der HofN kann nicht die Basis für → *Rigaus* sein (so GFRERER 1981, II, 549).
L: GFRERER 1981, II, 522; ZILLER 1986, 194.

RIF, Sdlg, Schl, G Hallein
D: [ri:f]
U: **1194** *salinam que est inter Toffal et locum qui dicitur Riue* (KU Berchtesgaden 16); **1250** *nobis predium Rif dictum* (SUB IV, 9, Z. 5); **1304** *zway* (güeter) *under dem haus zu Gůtrat und ains haizzet ze Rif* (SUB IV, 272, Z. 19); **1575** *Schloß Rif* (Imhof, MGSL 27, 121); **1599** *zu Rif* (PIRCKMAYER, MGSL 12, 410).
E: lat. *ripa* 'Ufer' > roman. *riva.* Auffallend ist, dass das *ī* nicht von der nhd. Diphthongierung (*î* > *ei*) erfasst wurde (vgl. dt. *Reif* für ital. *Riva* am Gardasee); entweder wurde *ī* im Rom. > *i* gekürzt oder das Wort so spät eingedeutscht, dass es nicht mehr von der Diphthongierung erfasst wurde (12./13. Jh.).
L: ANB 873; SONB 44; DEHIO 158; MOOSLEITNER 1989, 250; HHS 405; ZAISBERGER/SCHLEGEL 165ff.; LINDNER 2008, 30f.

RIGAUS, KG, G Abtenau;
RIGAUSBACH, GewN, G Abtenau
D: [ri'gaʊs]
U: **1514** *meinen wald pach vnd werchstat so ich gehabt hab vnd gelegen ist in der*

abbtenaw genant der Riglaus (sic) *vnd stost an dem lienpach* (OU 1514 III 03); **1562** *Riet zwischen Lienpach vnd Rigauss* (von Grienberger 1887, 33)
E: roman. *(aqua) rigosa*, zu lat. *riguus* 'bewässernd, bewässert' (von Grienberger 1886, 54). Mit dem HofN → *Rieger* ([riɐgɐ], Gfrerer 1981, II, 522f.) kann der ON *Rigaus* aus lautlichen Gründen nichts zu tun haben (dies der Erklärungsversuch von Gfrerer 1981, II, 549; SONB 175).
L: SONB 175; von Grienberger 1886, 54f., 1887, 33; Straberger 1974, 94; Lindner 2008, 40.

RISOL, ZH, G Puch (St. Jakob)
D: [ri'soɪ]
U: **1324** *Christian de Buntzhols* (Lang 1998, 367; SLA U 3, fol. LXIII); **1350 (1328)** *Rintsol* (SONB 160; Lang 1998, 367); *Bunt holz alias Risol* (Lang 1998, 367; SLA U 4, fol. LXI); **1463** *ain gut genant Risol bey dem Turn in Glanegker gericht* (OU 1463 II 07).
E: unklar; evt. ein PN (Lang 1998, 367); von Grienberger 1886, 55 erwägt roman. **rizolla* 'kleine Falte, Runzel im Terrain' (sehr unsicher), das SONB (Ziller) denkt an 'Suhle für Rinder' (mhd. *sul* 'Salzwasser, Suhle'), was lautlich wenig plausibel ist; vgl. Finsterwalder 1990-95, 316 (*Persailhorn*, Pzg.).
L: SONB 160; von Grienberger 1886, 55; Lang 1998, 367; Lindner 2008, 40.

ROHRMOOS, Hf, G St. Koloman (Taugl)
D: ['rɔɐmo:s]
U: **1459** *Jörigen Rormoser* (Doppler, MGSL 14, 106).
E: → *-mos* mit mhd. *rôr* 'Schilf'.

RÖMERBRÜCKE (TEUFELS-), Brücke über die Taugl neben der → *Tauglmühle*, G Vigaun
D: ['rɛmɐbrukŋ, 'taɪfɪsbrukŋ]
E: *Römerbrücke:* die Konstruktion der Brücke ähnelt antiken Steinbrücken; außerdem überquerte etwas unterhalb die alte Römerstraße die Taugl; *Teufelsbrücke*, nach einer lokalen Sage (Prinzinger, MGSL 21, 5, Anm. 1; *Vigaun* 1990, 104): die Brücke über die wilde Taugl konnte von Menschenhand nicht errichtet werden; man schloss einen Pakt mit dem Teufel, der die Brücke baute, aber die vereinbarte Zeit nicht ganz einhalten konnte; die schlaue Müllerin konnte so den Teufel um den vereinbarten Lohn (ihr noch ungeborenes Kind) betrügen.
L: Prinzinger, MGSL 21, 4 u. 5, Anm. 1; Wallmann, MGSL 4, 247; *Vigaun* 1990, 104.

ROSSBERG, E, G Scheffau
D: ['rosbɛɐg]
E: → *-berg* mit mhd. *ros* 'Pferd' = 'Pferdeweide'.

ROSSBÜHEL, FlurN, G Abtenau (Erlfeld); falsche Verschriftung.
D: ['rɔssbi^{h}ɪ]
E: „Die Verstorbenen [der Pfarre Abte-

nau] wurden im Friedhof zu Abtenau begraben. Aus den entlegenen Teilen der großen Pfarrgemeinde, aus Weitenau, Wegscheid und Radochsberg wurden die Toten getragen … Bei großer Entfernung mußten die Träger natürlich abgelöst werden. … insbesonders, nachdem man nach der Lammerüberschreitung die Höhe erreicht hatte. Hier wurde Totenrast gehalten." (GFRERER 1981, II, 131). *Rossbühel* ist also eine volketymologische Umdeutung von *Rastbühel* auf dem Weg von der Voglau zum Markt Abtenau, was die Dialektaussprache vollauf bestätigt.
L: GFRERER 1981, II, 131.

ROTACH, GewN, vgl. unter→ *Radoch*
ROTWAND, RÖTELWAND (Gaißau), Westflanke des Ladenbergs
D: [rɛtn'wɔnd]
U: **1240-1250** *a Růdmanspach ... usque ad Ruffum parietem* (Kop. 13. Jh., SUB III, 500, Nr. 948); **1245** *a Růdmanspach ultra Rotenwante super alpem Cyssenperge* (SUB III, 607, Z. 29).
E: *-wand* mit *rot,* → *Rettenbach.*
L: ZILLER 1982, 105.

RUßBACH am Pass Gschütt, G; GewN, G Rußbach
D: ['ruɐsbɔx]
U: **1336** *item an dem Růsekk … ein gůt genant Růspach* (SUB IV, 428, Z. 39)
E: → *-bach* mit ahd. *ruost* 'Ulme, Rüster'; die frühen Schreibungen mit *-s* beweisen, dass der Name nichts mit *ruoz(ec)* 'Ruß, Schmutz' (so SONB 152) zu tun hat. *Rußbach* besteht erst seit 1903 als eigene Gemeinde (herausgelöst aus der Gemeinde Abtenau); GFRERER 1981, I, 230f.
L: ANB 895 (nicht dieses *R.*); SONB 152; SCHUSTER 1989-1994, III, 189; STRABERGER 1974, 97; GFRERER 1981, I, 230f.; GREULE 2014, 451f. – Vgl. auch *Rußbach* 1983.

RUßEGG, R, G Rußbach; W, G Kuchl
D: [ruɐ'sek]
U: **1336** *item an dem Růsekk ein gůt* (SUB IV, 428, Z. 36).
E: → *-egg* mit mhd. *ruost* 'Ulme, Rüster', vgl. → *Rußbach.*

RUSSEGGER, W, G Golling (Torren)
D: ['ruɐsekɐ]
E: → *-egg*; ob im ersten Glied mhd. *ruoz* 'Ruß, Schmutz' oder *ruost* 'Rüster' vorliegt, lässt sich mangels historischer Belege nicht entscheiden.

S

SALFELDEN, R, G Abtenau
D: ['sɔɪfɛɪn]
E: → *-feld* mit mhd. *salhe* 'Salweide' (lat. *salix*).
L: SONB 144; GFRERER 1981, II, 415ff., 419f.

SALLABACH, -WAND, Hfe, G Abtenau (Seidegg)
D: [sɔɪɐ'bɔ:x, -'wɔnd]
U: **1331** *Ulricus de Salichenpach* (GFRERER 1981, II, 597).
E:→ *-bach, -wand* mit mhd. *salhe* 'Salweide'.
L: SONB 144; GFRERER 1981, II, 597.

SALZACH, GewN → *Salzach*, HELSON 1, 108f.
D: ['sɔɪtsɐ]
E: → HELSON 1, 108f.

SALZACHÖFEN, Flussenge der Salzach zwischen Golling und Sulzau
D: ['sɔɪtsɐe:fn]
E: bair. → *Ofen* 'Klamm, Höhle', vgl. → *Lammeröfen*, mit → *Salzach*.

SAMHOF, W, G Vigaun (Vigaun), Unter-, Obersamhof
D: ['samhof]
E: → *-hof* mit mhd. *soum* 'Saum, Last eines Saumtieres' (Station für Salztransporte?).
L: *Vigaun* 1990, 201f.

SANKT JAKOB AM THURN, D, G Puch
D: [tuin (veraltet), sɔŋkt 'jak^h^ob]
U: **1439** *auf der Pewnt pay dem Thurn* (Urkunden Nonnberg, MGSL 37, 214), *Werhhart der Öder ... pfleger zum Turn* (ib.).
E: Die bisher vertretene Gründungsgeschichte (Stiftung durch Werner von Lengenfeld, vgl. → *Lengfelden*) ist nach ZAISBERGER/SCHLEGEL 182f. falsch, vgl. → *Bürger*. Erklärung vor ZAISBERGER/SCHLEGEL 182f.: *Wernher von Lengfelden* stiftete 1238 bei seinem Turm *Vrimos* '→ *Freimoos*' eine Kirche zum hl. Jakob, die er dem Stift St. Peter übergab. Die ritterlichen Herren *von Thurn*, seit 1570 Freiherren, waren eine bedeutende Salzburger Ministerialenfamilie, besaßen aber ursprünglich nur den Turm von St. Jakob, seit 1403 die Burg *Neubeuern* am Inn (Bayern). Von 1642 (Aussterben der Thurner) bis 1924 gingen Wappen und Turm an die Grafen Plaz über.
L: HHS 417; DEHIO 355f.; ZAISBERGER/SCHLEGEL 182f. – Vgl. auch KERMAUNER 1990.

SANKT KOLOMAN
D: [sɔŋ'kholoman]
E: Eine Kirche zum hl. Koloman im Weiler → *Pernegg* wurde schon **1506** geweiht, eine eigene Gemeinde *St. Koloman* wurde aber erst **1850** errichtet (RETTENBACHER 1982, 153, 67).
L: DEHIO 361ff. – Vgl. auch RETTENBACHER 1982.

SANKT MARGARETHEN, D, G Vigaun, früher → *Baumhofen*
D: [sɔŋk mɔɐ'grɛtn]
U: **1444** *Margreten Kirichen zw Pabenhouen* (DOPPLER, MGSL 14, 15); **1460** *Sand Margreten kirichen zu pabenhouen* (DOPPLER, MGSL 14, 131); **1497** *zw Margareten gotzhaus* (DOPPLER, MGSL 16, 343).

E: Kirche zur *Hl. Margarethe.*
L: *Vigaun* 1990, 125ff., 208ff.

SANKT NIKOLAUS, Kirche, G Golling (Torren)
D: [nigˈlo:]
U: **1444** *S. Nicla enhalbn des wasser in Kuchler pfarr* (DOPPLER, MGSL 14, 15); **1460** *sand Niklasen enhalben des wasser* (DOPPLER, MGSL 14, 131); **1497** *zw Niclas kirchen in kuchler pfarr* (DOPPLER, MGSL 16, 343).
E: Kirche zum *Hl. Nikolaus.*
L: SONB 98; DEHIO 449f. (Torren); ZAISBERGER/SCHLEGEL 146.

SATTELALM, Alm, G St. Koloman (Tauglboden)
D: ['sɔdlɔɪm]
E: *Alm* am Tauglboden nahe dem *Sattel* zur Gaißau.
L: RETTENBACHER 1982, 451.

SCHACHTEN, Gut zu Vigaun, heute *Neuwirt*
D: ['ʃɔxtaɪ]
U: **1212/1312** *hincz Schachten* (MGSL 23, 51); **1212/1312** *dem guet ze Schachten* (C 14. Jh., DOPPLER, Urbar Nonnberg, MGSL 23, 49); ca. **1334** *Schachten* (C 2. H. 14. Jh.) (ib. 102); **1405** *Schachten* (ib. 49).
E: mhd. *schache* 'Waldstück' (so *Vigaun* 1990, 203; sehr fraglich):
L: *Vigaun* 1990, 193 (Neuwirt, früher *Oberschachten*), 203 (*Schachtler*); PRINZINGER, MGSL 19, 107 u.ö.: *Schachtelgütel.*

SCHALLHOF, Jh, G St. Koloman (Tauglboden)
D: ['ʃɔɪhof]
E: *-hof* mit *Schall*; Grundherr ursprünglich *Ruperti-Ritterorden* (Jagdhaus?).
L: RETTENBACHER 1982, 450.

SCHARTEN, Hf, G Puch
D: ['ʃɔɐxtn, 'ʃɔɐxtaɪ (Dim., für den Bauern)]
U: **1415** *Scharten* (LANG 1998, 364).
E: mhd. *scharte* 'Scharte, Vertiefung'; der Hof liegt in einer Einsenkung, einer *Scharte* im Gelände.
L: LANG 1998, 364.

SCHATTAU, D, G Rußbach
D: ['ʃɔtɐ]
E: *-au* mit *Schatten.*

SCHAUFEL, auf der, Hf, G Kuchl (Weißenbach); vgl. → *Hochschaufler*
D: [ʃaʊfɪɐ]
U: **1325** *Peter auf der Schaufel* (F. c. 1470, SUB IV, 355, Z. 1); **1369** *Johannes auf der Schaufel* (*HB Kuchl* 382); **1459** *Hainreichen Schaufler* (DOPPLER, MGSL 14, 106).
E: mhd. *schûvel* 'Schaufel' (nach der Geländeformation?).
L: *HB Kuchl* 382.

†SCHAUFELWIESE zu Oberalm (Wiese, Grundstück)
U: **1559** *Schaufelwiese zu Oberalm* (Ur-

kunden Nonnberg, MGSL 42, 76).
E: → *Schaufel.*

SCHEFFAU
D: ['ʃɛfaʊ]
U: **1249/50** *prediorum Apnawe et Scheffawe* (SUB IV, 6, Nr. 7); **1318** *Schöffawe* (MARTIN Reg. Nr. 108); **1324** *Scheffawe* (HHStA, AUR 1324 IV 22); **1327** *Scheffau* (MARTIN Reg. Nr. 621 [nach STRABERGER 1974, 101]); ca. **1350** *Scheflent* (nach SONB 157); **1383** *Scheffawe* (HHStA, AUR 1383 III 25).
E: → *-au* mit mhd. *schif, schëf* 'Schiff', hier wohl für das Holz (Baumstämme) für die Saline Hallein, das auf der Lammer zutal befördert wurde und nach dem Passieren durch die Lammeröfen in Scheffau geländet wurde (1350 *Scheflent* !). Andere Erklärung des nicht seltenen ON *Scheffau* bei FINSTERWALDER 1978, 474f. (Schöffauer, Schöfftaler), zu mhd. **schef* 'schief' (passt weder für unser *Ober-* wie *Unter-Scheffau*, nicht überzeugend); so auch VON REITZENSTEIN 1991, 140 für *Scheffau* bei Schellenberg, Berchtesgaden.
L: SONB 157; STRABERGER 1974, 101 [*Scheffer Bach, Schefflacke*]); FINSTERWALDER 1978, 474f. und 1990-1995, 37; DEHIO 388ff.; ZILLNER, MGSL 2, 75 (Sage).

SCHEIBLINGKOGEL, BergN (2289 m), G Scheffau (Tennengebirge)
D: ['ʃaɪwaɪ]
E: mhd. *schîbe* 'Scheibe, Kugel' mit Suff. *-ling*, im Dialekt Diminutiv mit dem dialektalen Diminutiv-Suff. [-ai] (mhd. *-în*); der Berg ist eine signifikante runde Kuppe.

†SCHERGEN-/SCHÖRGHOFER in der Taugl
U: **1499** *Andre Schergenhofer zu Ofen in der Niderntawckl* (Urbar, Registrum, SPATZENEGGER, MGSL 9, 65).
E: *-hof* mit mhd. *scherge* 'Gerichtsdiener, Scherge'.

SCHINTELMAISALM, Alm, G Abtenau (Leitenhaus)
D: ['ʃintlmɔɐsɔɪm]
U: **1393** *Ain guet ze Schintelmaizz ... von dem andern Schintelmaizz* (DOPPLER, MGSL 12, 265).
E: mhd. *meiz* 'Einschnitt; Holzschlag' mit mhd. *schindel, -t-* 'Schindel' = 'Holzschlag, auf dem man Schindeln herstellte'.
L: SONB 112; ZILLER 1986, 215 (*Schindlmeister*).

SCHLENGGEN, ZH, G Scheffau
D: [ʃlɛŋkŋ]
U: **1560** *Hans Schlengg* Eigentümer des *Schlenggen-Gutes* (U 53a, ZILLER 1982, 107).
E: HofN nach dem PN (ÜberN) *Schlengg* 'beim Schlenggen' zu mhd. *slanc* 'schlank' oder *slenken* 'schwingen, schleudern' (vgl. auch SCHMELLER 2, 528f.).
L: ZILLER 1982, 107.

SCHLENKEN, BergN (1648 m), G Vigaun
D: [ˈʃlɛŋkŋ]
E: unklar; Ziller 1982, 107: der Bauer vom → *Schlenggen*-Gut in Scheffau könnte eine der → *Tenn-Almen* im Schlenken-Gebiet gehabt und seinen Namen auf den Berg übertragen haben, freilich sehr hypothetisch. Die älteren Erklärungen: zu *schlängeln*, zur Bezeichnung des schmalen, sich schlängelnden Bergrückens (Prinzinger, MGSL 1, 40-41); zu mhd. *slenken* 'schwingen, schleudern', zur Bez. herabstürzender Kalkstücke (von Grienberger 1886, 59), sind noch weniger plausibel.
L: Ziller 1982, 107.

SCHLENKENALM, Alm, G Vigaun
D: [ˈʃlɛŋkŋɔım]
E: Almen am Fuß des → *Schlenken.*

SCHLENKSTEINALM, Alm, G St. Koloman
D: ['ʃlɛŋkʃtɔɐ^{n}]
U: **1514** *Gerechtigkeit des Guts Eberwein am Stain in der engen Tauggl samt den Albmrechten Schlenngkhuen* (Greinz, MGSL 53, 143); **1575** *Gut Eberwein nebst Albrechten* (d.h. *Alb-rechten*) *schlengthuen* (ib., 144).
E: Ziller 1982, 107 hält *Schlenngkhuen, schlengthuen* für Verschreibungen oder Verlesungen von **Schlenggthenn.* Tatsächlich befindet sich nahe der *Schlenksteinalm* die → *Tenneralm* und der *Tennerwinkl* (FlurN). Es ist denkbar, dass die Schlenkenalmen unter dem Namen → *(Schlengg)Tenneralmen* zusammengefasst wurden.
L: Rettenbacher 1982, 451; Ziller 1982, 107.

SCHMIEDLEHEN, G Adnet (nicht im OV)
U: **1212/1312 [1382]** *guet genant Smidenlehen* (C 14. Jh., Nonnberger Urbar, Doppler, MGSL 23, 51); ca. **1334** *Smidinne* (2. H. 14. Jh., Doppler, MGSL 23, 102); **1405** *Smiderlehen* (Doppler, MGSL 23, 51); **1432** *Guet genant Smidlehen ... gelegen zu Atnot* (Urkunden Nonnberg, MGSL 37, 205); **1448** *Smidlehen zu Atnott* ... (Urkunden Nonnberg, MGSL 38, 201).
E: '*Lehen* (Bauerngut) eines *Schmieds*'.
L: Ziller 1986, 217 (*Schmiedlehen,* G St. Lorenz am Mondsee).

SCHMITTENSTEIN, BergN (1695 m), G Krispl
D: ['ʃmitnʃtɔɐ^{n}, (dɐ 'ʃmitn)]
U: ca. **1240-M. 13. Jh.** (C M. 13. Jh.) *ultra Wielantsmitten usque ad ruffum parietem* (SUB III, 500); **1561** *Schmittnstain* (SLA nach Klein 1946/47, 65, Anm. 2).
E: → *-stein* 'Felsen' mit mhd. *smitte* 'Schmiede'; der felsige Gipfelaufbau des Berges lässt sich gut mit einem Amboss vergleichen. Der Erstbel. nennt den berühmten Schmied *Wieland* der germ. Heldensage. Möglicherweise nennt auch der Almname → *Cuudicus* schon den *Schmittenstein.*
L: Klein 1946/47, 66ff.

SCHMITZBERG, W, G Abtenau (Wegscheid)
D: ['ʃmitsbɛɐg]
U: **1450** *Andre Smiczperger* (…) *In der Abtenaw* (Urkunden Nonnberg, MGSL 38, 206).
E: → *-berg* mit mhd. *smit* 'Schmied' (Gen. Sg.), der gleiche Name wie → *Schmiedsberg* in Anthering, vgl. HELSON 1, 115.
L: GFRERER 1981, II, 576.

SCHNAITSTADL, E, G Krispl
D: ['ʃnɔɐtʃtɔ:'l]
E: *Stadel* 'Hütte' mit mhd. *sneiten* 'Bäume beschneiden, entästen'.

SCHNÖLL, E, G Adnet (Spumberg)
D: [ʃne:]
U: **1348** *Heintz Snell* (U 4); **1498** *Georg Schnell* (U 9a; Bel. nach ZILLER 1986, 219).
E: mhd. *snellen* 'schnellen, sich rasch bewegen, eilen; schnalzen'. Tirol. FamN *Schneller, -ö-*, Handlanger, Verlader beim Güter-, bes. Salztransport; Gehilfe beim Fuhrwerk (FINSTERWALDER 1978, 473f.; SCHATZ, Tir. Wb. 546). Aus lautlichen Gründen nicht zum Adj. mhd. *snël* 'schnell' ([ʃnɛɪ]), so ZILLER 1986, 219.
L: FINSTERWALDER 1978, 473f.; ZILLER 1986, 219.

SCHÖNAU, ZH, G Scheffau (Weitenau); ZH, G Krispl (Gaißau)
D: [ʃɛn'aʊ]
U: **1232-1240** *predia quedam sancti Petri Winternowe et Schonnowe dicta in Appenowe sita* (SUB III, 414, Z. 14); **1412** *schonaw* (HHStA, AUR 1412 III 12); **1458** *andre Schonnawer Zechmaister vnser lieben frawen gotzhaws zu Kuchel* (DOPPLER, MGSL 14, 98); **1459** *Andre Schönawer* (DOPPLER, MGSL 14, 106; 133).
E: → *-au* mit mhd. *schœne* 'schön'.

SCHÖNLEITEN, ZH, G Scheffau (Weitenau)
D: [ʃɛⁿ'laɪtn]]
U: **1434** *Schönleyten* (Pezolt, MGSL 40, 165); **1525** *Schönleiten* (Clanner, MGSL 25, 35).
E: → *-leite* mit mhd. *schœne* 'schön'.

SCHOPPER, Hf, G Puch (Urstein)
D: ['ʃopɐ]
U: **1509** *Michel klözinger, schopper* (Berufsbezeichnung!), Bgr. zu Hallein (GREINZ, MGSL 53, 126 (Nr. 472); **1521** *Michel Schopper,* Bgr. zu H. (GREINZ, MGSL 53, 133 (Nr. 501).
E: *Schopper* 'Schiffszimmermann, Schiffbauer' (SCHMELLER 2, 437), zu mhd. *schopfen, -pp-* 'stopfen, *ein Schiff schoppen*, die Fugen verstopfen, es wasserdicht machen' (LEXER 2, 771).
L: ZILLER 1986, 221; HELSON 1, 116.

SCHORN, KG und Hf, G Abtenau; E, G Krispl (Gaißau); Hf, G Kuchl (Georgenberg)

D: [ʃɔɐn, ʃuɐn]
U: **1350** *Scharrenleiten*; **1364** *Leupold ab dem Scharren*; **1418** *Schorrn* (Bel. nach ZILLER 1986, 222); **1562** *Gut Scharnhof* (Abtenau, GFRERER 1981, II, 466).
SCHORN, FamN (Hallein)
1456 *Cristanno Schorn de Salina* (DOPPLER, MGSL 14, 90); *Cristani Schoren* (ib.); **1457** *Christan Schorn Burger zum Hallein* (ib. 95); **1488** *Johannem Schorn plebanum* (DOPPLER, MGSL 16, 243).
E: mhd. *schar* 'Abteilung, Ordnung, Reihe; zugeteilte Arbeit, Schardienst, Fronarbeit', DWB 8, 2175, Bed. 16; oder zu mhd. *scharren* 'scharren, kratzen' DWB 8, 2214ff.; SCHMELLER 2, 448f. (vgl. *Scharrkruck* 'Werkzeug zum Mistausscharren', ZILLER 1995, 167). Da der Dialektaussprache [uɐ] ([ʃuɐn]) mhd. *ar* und nicht *or* zugrunde liegt (REIFFENSTEIN 1955, 20; vgl. → *Hareben, Harreis*), ist die Erklärung mit mhd. *schorn* 'schroffer Fels, felsiges Ufer' (ZILLER 1986, 222) weniger wahrscheinlich. Der häufige Hof- und FamN ist leider nicht sicher erklärbar.
L: GFRERER 1981, II, 466; ZILLER 1986, 222.

SCHRAMBACH, GewN, l. zur Salzach, G Kuchl
D: ['ʃrambɔ(x)]
U: **798-814** *de loco, qui vocatur Scratinpach* (LOŠEK, BN 7,2); **1124/25** *ad superius Scrainpach* (Tr. 12. Jh., SUB II, 200, Z. 19), *Schræinpach* (Var, Kop. 13. Jh., ib. Anm. c); **1156** *ad superiorem Skreinbahc* (DF I 140, Prov. Berchtesgaden).
E: Häufiger Name alpiner Bäche, → *-bach* mit mhd. *schræjen* 'stieben, spritzen', Part. Präs. oder (nach FINSTERWALDER 1990-1995, 587f.) benannt nach der *Schräge* (ahd. **scregi* 'schräg' kontrahiert > **screi*), über die die Bäche ins Tal stürzen. Der Erstbeleg *Scratin-* (ins ANB nicht aufgenommen) ist wahrscheinlich entstellt; *Scratin-* könnte aus **Scragin-* 'Schräge' entstellt sein (ahd. *scrato* 'Schrat, Kobold', auch PN, ergäbe allerdings auch einen Sinn).
L: ANB 990; SONB 150; STRABERGER 1974, 105; FINSTERWALDER 1990-1995, 587f. u.ö.; GREULE 2014, 481.

SCHRATTEN, KG, W, G Abtenau
D: ['ʃrɔtn]
E: ahd. PN *Scrato*, bzw. *scrato*, mhd. *schrat* 'Schrat, Kobold', mehrfach zur Namenbildung verwendet (vgl. KAUFMANN 1968, 308; ANB 990; HELSON 1, 116).
L: GFRERER 1981, II, 301.

SCHWAIGHOF → SCHWEIGHOF

SCHWALB, (KÜH-), FlurN, *in der Schwalb*, Waldgebiet, G Kuchl
D: ['khiːɐʃvɔɪb]
U: **1124/25** *ad superius Scrainpach ... et inde ascendendo usque Swalwen et inde usque Gelichen* (Tr. 12. Jh., SUB II, 200, Z. 20); **1144/47** *silvę, quę vulgo Swalewe vocatur* (SUB II, 329, Z. 7); nach **1156** *Sualwen* (KU Berchtesgaden 9); **1194**

Swalwen (KU Berchtesgaden 16); **12. Jh.** *Swalwen* (Tr Berchtesgaden 3); **1220-1230** *predia in monte qui Swalwe dicitur* (Kop., SUB III, 277, Nr. 750).
E: vermutlich *Schwalbe* in der übertragenen Bedeutung 'Ende des Strohdachs, Brettende' (Schmeller 2, 631; DWB 9, 2185, Bed. 5) zur Bezeichnung des steilen Abhangs am Fuß des Hohen Göll und des Rossfeldes (vgl. den Erstbeleg). Die ON *Schwalbach, Schwalmstadt, Schwalmtal* (DONB, 575f.), GewN *Schwalm* (Greule 2014, 485) sind kaum zu vergleichen.
L: ANB 992; *HB Kuchl* 378ff. (Güter *in der Schwalb*); Greule 2014, 485; DONB 575f.; Schmeller 2, 631f. (*Schwalben, Schwalm*); DWB 9, 2185, Bed. 5.

SCHWALBER, H, G Kuchl (Gasteig); ZH, G Scheffau; Hf, G St. Koloman
D: [ˈʃwɔɪwɐ]
U: **1325** *Fridrich Sbalber* (F. ca. 1470, 354, Z. 36, SUB IV), Hof bei Kuchl; ca. **1334** *item der Swaliber* (C 2. H. 14. Jh., Nonnberger Urbar, MGSL 23, 102); vor **1369** *Hainricus Swalbar*; **1443** *Heinricus Swalber* (beide Bel. *HB Kuchl* 381); **1459** *Hannsen Swalber* (Doppler, MGSL 14, 106).
E: 'Einer aus der → *Schwalb*'.
L: *HB Kuchl* 381.

SCHWARZBACH, GewN, l. zur Salzach, G Golling
D: [ˈʃvɔɐtsɐbɔ:x]
U: **798-814** (Kop. E. 13. Jh.) *ad istam sanctam dei ecclesiam sursum ubi Swarzaha exoritur* (Lošek BN 7,2); **798-814** (Kop. E. 13. Jh.) *et ad Purch et illas alpes, ubi Swarzaha oritur* (Lošek BN 9, 8); **890** *rivolum Quartinespach* (F. ca. 970-977 u. a. Kop. E. 13. Jh., SUB II, 61, Z. 6); **977** *usque in rivolum Quartinespach* (SUB II, 104, Z. 12) = (MGD 2, 185 nr. 165); **984** *in rivulum Quartinispach* (Kop. E. 13. Jh., SUB II, 109, Z. 28) = (MGD 2, 393 nr. 1); **1027** *usque in Quartinespahc rivulum* (SUB II, 134, Z. 16) = (MGD 4, 151 nr. 208); **1051** *usque in rivulum Quartinespach* (SUB II, 149, Z. 26) = (MGD 5, 345 nr. 260); **1134** *et silvam a fluvio Swœrzinpach per decursum fluvii Salzahe* (F. ca. 1191, SUB II, 244, Z. 3); **1139** *torrentes duo, unus eiusdem vocabili Torenne, alter Suarzinbach* (SUB II, 278, Z. 8); **1178** *in rivolum Quartinespach* (SUB II, 569, Z. 13); **1191** *inter fluvium Swœrzinbach* (SUB II, 655, Z. 28); **1199** *in rivolum Quartinesbach* (SUB II, 722, Z. 26); **1240-50** *ripam Swœrzenpach* (Kop. 13. Jh., SUB III, 500, Nr. 948); **1302** *Swartzzenpach* (HHStA, AUR 1302 III 18); **1307** (Gut, genannt *in der Wiesen bei Schwärzenbach*) (Hofmann, Dotation, MGSL 9, 161 nach Rep. sup. doc. p. 45); **1487** *swartzpach* (HHStA, AUR 1487).
E: ahd. *-aha* 'Ache' bzw. → *-bach* mit ahd. *swarz* 'schwarz', vom 9.-11. Jh. auch mit dem rom. PN *Quartinus.*
L: ANB 994; Straberger 1974, 107; Greule 2014, 486f.

SCHWARZENBACH, GewN, G Scheffau, l. zur → *Lammer* (bei Engelhart/Oberscheffau)
D: ['ʃvɔɐtsnbɔ:x]
U: **1249/50** *a summitate montis Rotenstein deorsum ad lignum, quod vulgo dicitur ein Steg, quod transpositum est rivo minori Swerzenpach* (SUB IV, 7, Z. 4).
SCHWARZENBACH, GewN, G Abtenau, l. zur Lammer (bei Vogelau)
D: ['ʃvɔɐtsɐbɔ:x]
U: **1265** *ultra Strupperge, ubi aque pluviales descendunt in Swærzenpach* (SUB IV, 47, Nr. 48).
E: → *Schwarzbach*, GewN; die beiden *Schwarzenbäche* fließen fast parallel w. und ö. des → *Strubbergs* in die Lammer.
SCHWARZENBACH, W, G Golling (Torren); R, G Abtenau; R, G Adnet;
D: ['ʃvɔɐtsɐbɔ:x]
U: **1385** *Swartzenpach* (HHStA, AUR 1385 V 16); **1497** *Anndre Swärzenpacher* (Doppler, MGSL 16, 336).
E: → *Schwarzbach*, GewN

SCHWARZER BERG, BergN (1584 m), G Scheffau
D: ['ʃwɔɐxtsɐbɛɐg]
E: *-berg* mit *schwarz* (zur Bezeichnung des Nadelwaldes).
L: Ziller 1982, 109.

SCHWEIGHOF, W, G Adnet (Spumberg)
D: ['ʃvɔɐghof]
U: **1212/1312 [1382]** *der Swaighof* (C 14. Jh., Nonnberger Urbar, MGSL 23, 49; 51 Doppler); ca. **1334** *Swaichof* (C 2. H. 14. Jh., ib. 102); **1393** *Chunrat auf dem Swaichof* (Doppler, MGSL 12, 265); **1405** *Swaichof* (4x) (Nonnberger Urbar, Doppler, MGSL 23, 50f.); **1485** *Am Atnatperg ain hof genannt der Swaighof den ytz der Steffan Swaiger Innhat* (Doppler, MGSL 16, 225).
E: mhd. *sweige* 'Viehhof, Sennerei, hochgelegene Milch- und Käsewirtschaftshöfe der hoch- und spätmittelalterlichen Rodungszeit, die vom Grundherren mit Getreide versorgt wurden'.
L: SONB 115f.; HELSON 1, 117; Klein 1965, 277-297.

SCHWER, SCHWERWAND, GSCHWARNALM, FlurN, am Nordabhang des Tennengebirges, G Scheffau (AV-Karte 13, Tennengebirge)
D: [dɪ 'gʃwa:rɪ, in dɐ 'gʃwa:n; gʃwa:n-'wɔnd; 'gʃwa:nɔɪm]
E: vermutlich mhd. *swære* 'schwer, drückend, düster' (Schmeller 2, 644 *schwarelet* 'etwas schwer, dumpf, düster'). Die *Schwer* ist ein steiles, schattiges Kar zwischen den Bergkämmen der *Schwerwand* und der *Rotwand*. Östlich davon liegt das offenere Kar der *Wies* (am Fuß des Kars liegt die *Kloane Wies* und die *Ebnetalm*).
L: Hackel 1925, 136; AV-Karte 13, Tennengebirge, 2012.

SEEBACH, E, G Scheffau (Weitenau)
D: ['sɛ:bɔ(x)]
U: **1336** *guot, ... Sepach* (Urkunden Nonnberg, MGSL 36, 16); **1459** *Wolfgangen Sepacher* (Doppler, MGSL 14, 106).
E: → *-bach* mit mhd. *sê* 'See'.

SEELEITEN, R, G Kuchl (Garnei)
D: [sɛ:'laɪtn]
E: → *-leite* 'Wiese, Abhang, Leite' mit *sê* 'See'; der namengebende See entstand durch den großen Bergsturz vor ca. 1000 Jahren; „die Salzach wurde zu einem See aufgestaut" (*Vigaun* 1990, 26).
L: *Vigaun* 1990, 25f.; *HB Kuchl* 348.

SEETRATTEN, Hf, R, G Abtenau
D: [sɛ:'trɔ:dn]
E: mhd. *trat* 'Treten, Weide, Viehtrift' mit *See*; GFRERER 1981, II, 383: neben dem Hof liegt eine kreisrunde Wasserlache (Doline?).
L: GFRERER 1981, II, 383ff.

SEEWALD, R; Alm, G St. Koloman, **SEEWALDSEE**
D: ['sɛ:wɔɪd]
E: *Wald* mit *See* (der tautologisch *Seewaldsee* heißt); möglichweise ist die *alpis Lacuana* (NA 7, 8) mit der *Seewaldalm* gleichzusetzen (→ *Gugelan*).
L: RETTENBACHER 1982, 447.

SEIKMANN, Hf, G Krispl (auch in Aigen, G Salzburg-Stadt)
D: ['saɪkmɔ^{n}]
U: **1293, 1299, 1314** *Konrad der Sælichman* (MARTIN Reg. 2, Nr. 185, 436, 1172); **1321** *Konrad Salchman* (MARTIN Reg. 3, Nr. 274); **1605** *Salchman*; *Hans Sälckhman*; *Michl Seickhman* (U 53) (ZILLER 1986, 201).
E: mhd. *man* mit *sælec* 'selig, glücklich, fromm', also 'ein glücklicher (evt. frommer) Mann'.
L: ZILLER 1986, 201.

SILL, Hf, G Abtenau (Waldhof); Hf, G Annaberg; R, G St. Koloman (Oberlangenberg); **SILLER**, W, G Puch; E, G Scheffau
D: [si:, 'si:baʊɐ]
U: ca. **1400** *aus der Süll* (St. Koloman: U 9a; ZILLER 1986, 203); **1626** *Guett Ober Sülln* (Abt.; GFRERER 2, 185).
E: mhd. *sul, sol* 'Salzwasser, -brühe'; vgl. auch SCHMELLER 2, 262 (*solen*).
L: SONB 160; GFRERER 1981, II, 184f.; RETTENBACHER 1982, 443; ZILLER 1986, 203; GFRERER 1989, 421f.

SOMMERAU, R, G Adnet; R, G St. Koloman; G Abtenau
D: [sumɐ'raʊ]
U: **1560** *Sumeraw* (U 53a; ZILLER 1986, 204).
E: → *-au* mit mhd. *sumer* 'Sommer', sonnseitig; „Weideplätze, die im Sommer benützt wurden" (ZILLER 1986, 264); vgl. auch → *Fager, Jadorf, Schönau, Schönleiten.*
L: SONB 158; RETTENBACHER 1982, 438; ZILLER 1986, 264; HELSON 1, 120.

SPECKLEITEN, Hf, Sdlg, G Kuchl (Garnei)
D: [ʃbɛ:g'laɪtn]
E: → *-leite* 'Wiese, Abhang, Leite' mit mhd. *spëcke* 'Knüppelweg; feuchte Stelle im Feld' (der Hof liegt in der Salzachniederung).

L: HB Kuchl 339; HELSON 1, 121 (→ *Speck, Spöcklberg*).

SPIELBERG, BergN (1428 m), Alm, G Krispl (Gaißau)
D: ['ʃpi:bɛɐrɪg]
E: → *-berg* mit mhd. *spil* 'Spiel, hier: Balz (Liebesspiel) der Birk- oder Auerhähne'; vgl. → *Spielbichl.*
L: ANB 1023 (nicht zu diesem *Spielberg*); SONB 124; HELSON 1, 121.

SPIELBICHL, BergN (1582 m), E, Alm, G Abtenau (Seydegg/Rigaus)
D: ['ʃpi:bi(ç)ɪ]
U: **1324** *Spilpichel* (HHStA, AUR 1324 VII 04).
E: mhd. *bühel* 'Hügel, Berg' mit mhd. *spil* 'Spiel, hier: Balz (Liebesspiel) der Birk- oder Auerhähne'.
L: → *Spielberg.*

SPUMBERG, Hf und KG, G Adnet
D: ['ʃpumbɛɐg]
U: **1560** *Spumpachperg* (SONB 125).
E: → *-berg* mit *Spumbach* (**1350** *Spumpach*), mit späterer Tilgung von *-bach* (Klammerform); der GewN mit Erstglied mhd. *spunt* u.a. 'Spund; dickes Brett, eingerammte Pfähle' zur Befestigung des Bachbettes (?, nach SONB 125); SCHMELLER 2, 678.
L: SONB 125; STRABERGER 1974, 112.

STADLER, ZH, G Kuchl (Georgenberg); E, G Scheffau
D: ['ʃtɔ:lɐ]
U: **1393** *Datz guet Stadel* (DOPPLER, MGSL 12, 266); **1459** *Jörigen Stadler* (DOPPLER, MGSL 14, 106).
E: mhd. *stadel* 'Stadel, Scheune' mit dem Zugehörigkeitssuffix *-er.*
L: SONB 118; ZILLER 1986, 227.

STAUDACH, R, G Kuchl (Gasteig)
D: [ʃtaʊdɐ]
U: **1325** *Fridrich am Staudach* (F. ca. 1470, SUB IV, 354, Z. 34); **1459** *ain guet genantt Staudach auf der Gurnei das yetz Jacob Küeperger Innhat, ... gelegen in dem Kucheltal* (DOPPLER, MGSL 14, 125); vgl. **1709** *Herr Paris Staudacher von Wispach* [bei Oberalm] (SPATZENEGGER, Einzug 1709, MGSL 15, 210); **1727** *Herr Paris Ignatius Gottlieb Staudacher von Wißbach* (SPATZENEGGER, Einzug 1727, MGSL 15, 218).
E: mhd. *stûde* 'Staude, Strauch' mit Koll.-Suffix *-ahi* 'Gestrüpp'.
L: SONB 75.

STAUDINGER, R, G Kuchl (Kellau)
D: ['ʃtaʊdɪŋɐ]
U: **1444** *Lienhardt Stawdinger ... zechbrobst V. L. Fr. Kirichen zw Kuchel* (DOPPLER, MGSL 14, 15); **1459** *Lienharten Staudinger* (DOPPLER, MGSL 14, 106), *Lienhart Stawdinger* (ib. 107).
E: ON → *Staudach* mit Herkunftssuffix *-ing* + *-er* unter Tilgung des Koll.-Suffixes *-ach.*

†**STEG**, Wald gegenüber der Mündung des Schwarzenbachs in die Lammer (bei Oberscheffau), → *Lammerstege,* und gegenüber der Mündung des Rettenbachs in die Lammer (bei Voglau)
U: **1130** *de Lamerestege* (erwähnt in Vorbem. SUB I, 331, Z. 3); **1249/50** *a summitate montis Rotenstein deorsum ad lignum quod vulgo dicitur ein Steg, quod transpositum est rivo minori Swerzenpach, a quo Steg … … ad alium lignum, quod similiter dicitur Steg, quod transpositum est rivulo Rotenpach in Lameram defluente* (SUB IV, 7, Z. 3/4, Z. 7/8).
E: mhd. *stëg* '(schmale) Brücke, Steg'.

STEGHOF, D, G Golling (Torren)
D: [ˈʃtɛ:gho:fɐ]
E: → *-hof* mit mhd. *stëg* '(schmale) Brücke, Steg' (über den Torrener Bach).

†**STEINBERG** am Dürrnberg/Hallein (Bergbau)
U: **1335** *umb den Stainperch auf dem Durrenperg ob dem Hellein* (SUB IV, 415, Z. 26); *der Oberhof in dem Stainperg* (ib. Z. 34); *hinter dez stains im Stainperg* (ib. 416, Z. 3); *in dem selben Stainperg* (ib. Z. 15); *vorgenanten Stainperch* (ib. Z. 24).
E: → *-berg* mit mhd. *stein* 'Felsen'.

STEINBÖCK, E, G Abtenau (Wagner)
D: [ˈʃtɔɐⁿbekh]
E: Einwohnername zu **Steinbach* 'Bach mit steinigem Grund', vorahd. **bakjo* 'zum Bach gehörig, am Bach lebend', mit westgerm. Konsonantengemination des *-k-* > *-kk-* vor *j* und ahd. Primärumlaut des *a* > *e*; später <*ö*> für geschlossenes [e]; vgl. *Wispeck* unter → *Wiesbach.*
L: FINSTERWALDER 1978, 193; WBÖ 2, 774f.; GFRERER 1981, II, 476f.

†**STEINEBERWEIN** (in der Taugl, G St. Koloman) → *Steiner, Vorder- / Hinter-*

STEINER, VORDER-, HINTER-, Hf, G St. Koloman (Taugl); G Golling
D: [ˈʃtɔɐnɐ]
U: **1238** *predio Vf-dem-Steine dicto* (SUB I, 503, Z. 37); **1435** *zwai gueter ains genant Chäspach, ... Eberwein auf dem Stain baide gelegen In der engen taukel vnd In Galinger gericht* (DOPPLER, MGSL 13, 110); **1502 (1478)** *Gut Staineberwein* (ib.).
E: mhd. *stein* 'Felsen' mit Zugehörigkeitssuffix *-er*, *Eberwein* PN.

†**STEINHAUS**, G Hallein
U: **1275** *de suis possessionibus* (des Ulrich von Kalham) *apud Tachsach et Steinhausen* (HOFMANN, Dotation, MGSL 9, 122); **1393** *Ain guet ze Stainhawsen* (DOPPLER, MGSL 12, 266) (lt. Reg. bei Vigaun).
E: „gemauertes Haus".

STEINHAUSEN, G Vigaun → †*Tägnischhof*

STEINMAßL, Hgr, G Adnet (Wimberg)
D: ['ʃtɔɐ^{n}massl]
E: mhd. *meizen* 'hauen, schneiden', *steinmeizel* 'Steinmetz' (im Zusammenhang mit der Adneter Marmorbearbeitung).
L: PRINZINGER, MGSL 21, 5; ZILLER 1986, 231.

†STEINPEUNT, Gut zu Reut bei Vigaun
U: **1212/1312 [1382]** *dem guet dacz Stainpeunt* (C 14. Jh., Nonnberger Urbar, DOPPLER, MGSL 23, 51); **1405** *Stainpewnt* (ib. 50); ca. **1334** *ze Stainpevnt* (C 2. H. 14. Jh., ib. 102).
E: → *-peunt* 'eingefriedetes Grundstück' mit *stein* 'Felsen; steinig'.

STETTEN im Kuchltal – wo?
U: **1459** *ain guet auf der Steten, das yetz Hanns am hof Innhat* (DOPPLER, MGSL 14, 125).
E: → *stete* 'Platz', Dat. Sg.

STIG(L)LIPPEN, G Kuchl
D: ['ʃti:g'lipm]
E: Kurzform des PN *Philipp* (SCHMELLER 1, 1496; ZILLER 1995, 124) mit mhd. *stigel* 'Stock; Stufe zum Übersteigen eines Zauns'; vgl. noch → *Wenglippen* (Unterlangenberg), beide nicht im OV.
L: *HB Kuchl* 347.

STOCKACH, R, G Kuchl (Weißenbach); Hf, G Vigaun (Riedl)
D: ['ʃtokɐ]
U: **1325** *Seifrid im Stockach* (F. c. 1470, SUB IV, 355, Z. 4); **1481** *de Stockach (Stokorns) fatuus* (WALZ, Grabdenkmäler, MGSL 14, Anh. 469).
E: mhd. *stock* 'Baumstumpf' mit Kollektivsuff. → *-ach* = Rodungsname.
L: *HB Kuchl* 369f.; *Vigaun* 1990, 216; HELSON 1, 124.

STORACH, D, G Adnet (Wimberg)
D: ['ʃtuɐrɐ, 'ʃtɔɐrɐ]
U: **1444** *Hanns von Storrach Zechbrobst S. Steffan zw Adnaten* (DOPPLER, MGSL 14, 15).
E: mhd. *storre* 'Baumstumpf' mit Kollektivsuff. → *-ach* = Rodungsname; vgl. → *Stockach*.
L: SONB 113.

STORCHENALM, G St. Koloman (Tauglboden)
D: ['ʃtɔɐxŋ(ɔɪm)]
U: „in alten Urbaren" *Alm in Ställn* (RETTENBACHER 1982, 451).
E: um 1830 sind Leopold Rohrmoser und Dr. Franz Storch Besitzer der Alm, 1847 kaufte sie das Sift St. Peter. Der zeitweilige Besitzer Franz Storch wurde namengebend.
L: SONB 113; RETTENBACHER 1982, 451.

STRUB, Bachenge im Tauglboden, am Flusslauf der Lammer, Hf, G St. Koloman
D: [ʃtru:b]
U: **1235** *ripam in Taukil, que vulgo*

appellatur hintir der finstirn strub (SUB III, 463, Z. 9); **1489** *die Strub Inn dem Taugkel Podem* (Urkunden Nonnberg, MGSL 38, 253); **1497** *Mathes auf der Strub ym Tawgkelpoden* (DOPPLER, MGSL 16, 336, 338).
E: aus der Sippe von ahd. *strûb* 'struppig', vgl. die ON *Strub* und *Strobl,* HELSON 1, 125; ein besonders im Salzburgischen häufiger FlurN für Klammen, Flussengen; schon **798-814** *alpes a loco qui dicitur Strupe* (LOŠEK, BN 9, 8), → *Strubau, Strubberg, Strubegg, Strubmühle, Strubsteg.*
L: ANB 1056; SONB 154; SCHMELLER 2, 804; STRABERGER 1974, 115; RETTENBACHER 1982, 256, 450; FINSTERWALDER 1990-1995, 540; REIFFENSTEIN 2014, 497; GREULE 2014, 519; HELSON 1, 125.

STRUBAU, R, G Kuchl
D: [ʃtru:b'aʊ]
U: **1393** *Di wis in der Stubaw* (DOPPLER, MGSL 12, 266); **1436** *tzw Strubau in der Aw* (DOPPLER, MGSL 13, 113); **1439** *Vlreichen In der Strubaw* (ib. 121), **1439** *zu Strubaw in der Aw* (ib. 121).
E: → *-au* mit → *Strub* 'Stromschnelle, Klamm' (HELSON 1, 125).
L: vgl. → *Strub.*

STRUBBERG, STRUBBERGSECK, FlurN, Bergrücken s. von Oberscheffau (AV-Karte Tennengebirge)
D: ['ʃtrupɛɐg (-s'ek]
U: **1124** *remidio Appanowa a Strubenbergsekke sursum iuxta fluvium Lamere* (SUB II, 216, Nr. 143); **1124** *Strubenbergesekke* (Urk. v. 1130 u. Kop. 13. Jh., SUB I, 331, Z. 19); **1130** *silve terminus sursum á superioris Strumbergesekke ex una parte Lamere* (SUB II, 222, Z. 14); **1249/50** *a quo Steg sursum in cacumen montis Strupperch* (SUB IV, 7, Z. 5 u. 9); **1265** *super terminis apud Lameram ... a superiori Struppergesekke, ubi eadem petra descendit in Lameram ... sursum vero ab eodem Struppergesekke per Appenawam ...id est ultra Strupperge, ubi aque pluriales descendunt in Swærzenpach* (SUB IV, 47, Nr. 48).
E: → *-berg* (und → *-egg*) mit → *Strub.*
L: → *Strub.*

STRUBEGG, E, G Annaberg (Hefenscher); D, G Rußbach
D: ['ʃtru:wek]
U: **1331** *Eberlinus de Strubekk* (Bel. nach GFRERER 1989, 408); **1450** *Jörig Strubekcher In der Abttenaw* (Urkunden Nonnberg, MGSL 38, 206); **1626** *Undter Strubegg* (Bel. nach GFRERER 1989, 408).
E: → *-egg* mit → *Strub.*
L: GFRERER 1989, 408; vgl. → *Strub.*

†STRUBMÜHLE und Säge im Kuchltal
U: **1489** *die vnder Strub Müll vnd Sag* (Urkunden Nonnberg, MGSL 38, 253).

†STRUBSTEG, G Abtenau (Rigaus)
U: **1242** *in Appenawe quinque feoda ..., Strubsteg tria* (SUB III, 547, Z. 10).

STUHLALM, Alm, G Annaberg
D: ['ʃtuᵉɪɔɪm]
E: mhd. *stuol* 'hervorgehobener Stuhl, Predigtstuhl', wahrscheinlich der alte Name der → *Bischofsmütze* (*Predigtstuhl* mehrfacher BergN); anders ZILLER, GFRERER (s.u.). Der → *Gosaukamm* wurde früher als *Stuhlgebirge* bezeichnet.
L: ZILLER 1982, 113; FINSTERWALDER 1990-1995, 680, 761; GFRERER 1989, 41, 286.

T

TABORBERG, BergN (1618 m), G Abtenau (Radochsberg)
D: ['da:wɐbɛɐg]
E: *-berg* mit mhd. *taber, täber* (slaw. *tabor*) 'befestigter Ort, befestigtes Lager' (DWB 11, 1, Sp. 7); ob es dort jemals befestigte Anlagen o.ä. gegeben hat, ist nicht bekannt. Nach ZILLER 1982, 113 ist der Name vom benachbarten *Tabormaiß* (Holzschlag) auf den Berg übertragen worden. Für die Annahme von ZILLER 1982, 113, dass → *Astein* der ursprüngliche Name des Taborberges gewesen sei, finde ich keine Anhaltspunkte.
L: GFRERER 1981, I, 33; ZILLER 1982, 113.

†TÄGNISCHHOF, heute Mayerhof und Steinhausen, G Vigaun
U: **1212/1312** *guet genant Tágnischhóf* (C 14. Jh., Nonnberger Urbar, DOPPLER, MGSL 23, 50; **1382** *guet ze Tágnischhóf ... geprochen auz dem Tágnischen lehen* (ib. 50), *Tágnischen Hof* (ib. 50f.); **1393** *Georg von Tägen* (DOPPLER, MGSL 12, 266); **1405** *Tegnischenhof* (C 14. Jh., Nonnberger Urbar, DOPPLER, MGSL 23, 50f.); **1490** *Guet genandt Tägnischnhof* (Urkunden Nonnberg, MGSL 38, 256).
E: PN germ. *Dago- / Tago-* (KAUFMANN 1968, 89f.).
L: *Vigaun* 1990, 195, 197, 199, 200, 202.

TANZBERG, Hf, G Abtenau (Möselberg)
D: ['tɔnsbɛɐg]
U: **1526** *Leonhard Tannzperger Guet Tennzperg*; **1555** *Conrad Tansperger*; Urbar 9a *Item Tann, Johann Tannßperg hat inne Tannzperg* (Bel. nach GFRERER 1981, II, 432).
E: → *-berg* mit mhd. *tann* m. 'Wald', Gen. Sg.
L: GFRERER 1981, II, 432; vgl. *Altentann*, HELSON 1, 7.

TAUGL, GewN, G St. Koloman, Kuchl, Vigaun; KG, G St. Koloman
D: [taʊgl]
U: **1235** *ripam in Taukil, que vulgo appellatur hintir der finstirn strub* (SUB III, 463, Z. 9); **1242** *novale ad dimidium mansum aput Tokel* (Or. SUB III, 544, Nr. 993); **1325** *ein gůt datz Taukel* (SUB IV, 357, Z. 35); **1435** *In der engen taukel vnd In Galinger gericht* (DOPPLER, MGSL 13, 110); **1497** *Niclas aschawer zu nideraschaw in der weitten tawgkl* (DOPPLER,

MGSL 16, 338); **1499** *Arckenrewt in der Tawckl … zu Ofen in der Niderntawckl* (Urbar, Registrum, SPATZENEGGER, MGSL 9, 65); **1566** *Tauggl* (HOFMANN, Dotation, MGSL 9, 118, nach Urbarium Custodi Ecclesie Salzburgensis); **1570** *Taugl fl.* (SECZNAGEL nach STRABERGER 1974, 119); **1571** *in der Engen Tauggl* (GREINZ, MGSL 53, 143); **1596** *in der Taugl* (GREINZ, MGSL 53, 145).
E: ahd. *tougal* 'verborgen, geheim'; erklärungsbedürftig ist die Geminate *-gg-* (das einfache *-g-* seit dem 16. Jh. ist Ergebnis der mittelbair. Konsonantenschwächung). Die Bedeutung 'verborgen' bezieht sich darauf, dass die *Taugl* bei Trockenheit im Unterlauf versiegt, vielleicht auch auf die Schluchten im Oberlauf, wo vom Bach ebenfalls wenig zu sehen ist. *Taugl(bach)* heißt auch der Bach, der vom Bergalmsattel (Tauglboden) nach Norden zum Hintersee fließt (HELSON 1, 126). *Taugl* wird nicht nur als GewN, sondern auch als Gegendname nur appellativisch verwendet (*die, in der Taugl*).
L: SONB 148; STRABERGER 1974, 119f.; RETTENBACHER 1982, 431ff.; *Vigaun* 1990, 19ff.; LINDNER 2008, 41; GREULE 2014, 530; HELSON 1, 126.

TAUGLBODEN, KG, FlurN, G St. Koloman (innerer Talgrund)
D: [taʊgl'bo:m]
U: **1489** *Inn dem Taugkel Podem* (Or Urkunden Nonnberg MGSL 38, 255); **1497** *Anndre von der Puechen ym Tawgkelpoden* (DOPPLER, MGSL 16, 336); *Wolfgang an der premleytten ym Tawgkelpoden* (ib.); *Mathes auf der Strub ym Tawgkelpoden* (ib.); *Wolfgang Fürst ym Tawgkelpoden* (ib.); *Im Tawgkelpoden zw der Puechen* (ib., 338); *Tauggelboden* (HOFMANN, Dotation, MGSL 9, 137).
E: mhd. *bodem* 'Boden, Talboden' mit → *Taugl*.
L: RETTENBACHER 1982, 448ff.

TAUGLBRÜCKE → *Römerbrücke*

†TAUGLHOLZ, Hf, G Vigaun
U: **1413** *Taukelholz* (HHStA, AUR 1413 II 05); **1422** *gut genant Tawkellholcz gelegen in Chuchlär gericht* (DOPPLER, MGSL 13, 79); **1444** *von des gutz wegen genant Taugkelholcz in kuchler pfarr gelegen* (DOPPLER, MGSL 14, 15); **1460** *guett genannt das Tauklholtz das gelegen ist in kuchler gericht* (DOPPLER, MGSL 14, 131).
E: mhd. *holz* 'Wald' mit dem GewN *Taugl*.

TAUGLMAUT, W, Gh, G Vigaun; Sdlg, G Kuchl (Garnei)
D: [taʊgl'maʊt]
E: alte Mautstelle an der Tauglbrücke
L: PRINZINGER, MGSL 21, 6; *Vigaun* 1990, 191; *HB Kuchl* 335: *Mautmühle und Säge bei der Taugglprucken.*

TAUGLMÜHLE, neben der → *Römerbrücke*, G Vigaun
D: [taʊgl'mi:]
U: **1405** *die Tawchelmül* (Nonnberger

Urbar, DOPPLER, MGSL 23, 51).
E: alte Mühle neben der Brücke über die Taugl; über den Bau dieser Brücke durch den Teufel → *Römerbrücke*.
L: WALLMANN, MGSL 4, 247; ZILLNER, MGSL 21, 4f.

TAUGLWALD → *Faistelauerwald*, G Vigaun

TENNALM, FlurN, rechts und links des Gr. und Kl. Grießkogls im Tennengebirge s. von Abtenau, G Abtenau (keine Alm)
D: ['tɛnɔɪm]
E: Almgebiet, eben wie eine (Dresch-)Tenne, ein besonders in den berchtesgadnisch-salzburgischen Bergen, aber auch sonst mehrfach verwendeter Vergleich, z.B. *Tennboden* im Steinernen Meer, *Hoher Tenn* in den Hohen Tauern (bei Fusch). Die *Tennalm* war altes st.petrisches Almgebiet (GFRERER 1981, I, 119). Von ihr dürfte der (relativ junge) Name des ganzen Gebirgsstocks (→ *Tennengebirge*) ausgegangen sein.
L: LOIDL (bei HACKEL 1925), 20; GFRERER 1981, I, 119; 1989, 40; FINSTERWALDER 1990-1995, 313, 329.

TENNENGAU, nichtamtliche Bezeichnung des PB Hallein
D: [ˈdɛnɛngaʊ] kein Dialekt
U: **1874** *Tännengau*, im Zusammenhang mit den Erhebungen für die Erntestatistik durch das k.k. Ackerbauministerium erstmals verwendeter Gegendname (MÜLLER 1995, 157); **1877/1878** neugegründeter *Brandschaden-Versicherungs-Verein „Tännengau“* (MÜLLER 2007, 227); **1878** *Tännengau* (Atlas der Urproduktion Österreichs, nach MÜLLER 2007, 228; umfasste neben dem PB Hallein noch die Gerichtsbez. St. Gilgen und Thalgau); **1896** *Tännengau, Tennengau* nichtamtliche, aber rasch übliche Bezeichnung des neu begründeten Politischen Bezirks Hallein; **1907** lehnt August Prinzinger, Landeshauptmann-Stellvertrer von Salzburg, die *neue, sachlich wie sprachlich unmögliche Form* des Namens *Tännengau* ab; **1909** wird Albert Schumacher, Alt-Landeshauptmann von Salzburg, als *Ritter von Tännengau* in den erblichen Ritterstand erhoben (MÜLLER 2007, 227).
E: Tännengau, Tennengau (vermutlich in Anlehnung an → *Tennengebirge*) war wahrscheinlich schon als informelle Gebietsbezeichnng gebräuchlich, als sie das Österreichische Ackerbau-Ministerium und, vermutlich unabhängig davon, eine neue Feuerversicherung als Name verwendete. Als die drei Gerichtsbezirke Hallein, Golling und Abtenau als neuer Politischer Bezirk Hallein aus dem Bezirk Salzburg-Umgebung (*Flachgau*) herausgelöst wurden, lag es nahe, diesen Namen in Analogie zu den anderen (ebenfalls nichtamtlichen) Salzburger Gaunamen (*Flach-, Pon-, Pinz-, Lungau)* auf den neuen Bezirk zu übertragen.
L: MÜLLER 1995, 155-159; 2007, 227-232; REIFFENSTEIN 2013, 418.

TENNENGEBIRGE, Gebirgsstock (Nördl. Kalkalpen) zwischen Salzach und Lammer
D: [ˈdɛnɐbiɐg], Abtenau; in Lungötz, St. Martin, Hüttau [s piɐg] (nach LOIDL bei HACKEL 1925, 20), umgangssprl. [ˈdɛnəngəˈbiɐgə]
U: **1796** *das ungeheure Tännengebirge, ... eine natürliche Gränze zwischen den beyden Gerichten* (Abbtenau und Werfen) (HÜBNER 1796, II, 330); **1829** *Tennengebirge* (Franziszäischer Kataster); **1860** früher (vor 1860) *Tännengebirg auch Dännengebirg* (PRINZINGER, MGSL 1, 36).
E: neuzeitliche Übertragung des Bestimmungswortes des Namens der → *Tennalm* auf den ganzen Gebirgsstock (18. Jh.?). Die Dialektform [ˈdɛnɐ-] ließe auch eine Verschriftung *Tenner Gebirge* (mit dem Zugehörigkeitssuffix *-er*) zu.
L: PRINZINGER, MGSL 1, 35-42; LOIDL (bei HACKEL 1925), 20; GFRERER 1981, I, 119; ZILLER 1982, 114; 1989, 40; AV-Karte 13.

TENNER(ALM), Alm, G Vigaun (beim Schlenken)
D: ['dɛnɐ ɔɪm]
E: → *Tennalm*, zum Schmittenstein hin zieht sich der *Tennerwinkel*.

TEUFELSBRÜCKE → *Römerbrücke*

†TEUFENWALD / TEUFENBERG, Grenze Hallein – Schellenberg
U: **1449** *der tewffenwald die Swaig vnd güter zu obernrewt bey guetrat* (Ins. i. 1454, DOPPLER, MGSL 14, 59); **1459** *Tewffenbeg bey dem Moß* (bei Schellenberg; DOPPLER, MGSL 14, 104).
E: *-wald / -berg* mit mhd. *tiuf* 'tief'.

THALGAU (THALGER), R, G Abtenau (Rigaus)
D: ['tɔɪgɐ]
U: **1498** *Thalgow*; **1562** *Thalger* (GFRERER 1981, II, 570).
E: mhd. *gou(we)* 'Gebiet, Gegend, Gau' mit *Tal*; vgl. → *Thalgau*, HELSON 1, 127.
L: GFRERER 1981, II, 570f.

THANNHAUSER, W, G Golling (Torren)
D: ['dɔ^{n}haʊsɐ]
U: **1403** *Hanns Tanhawsär* (SPATZENEGGER, MGSL 5, 183).
E: *-haus* mit mhd. *tanne* 'Tanne'.

THIERSTEIG (DIRSTEG), E, G Vigaun (Rengerberg)
D: ['diɐʃteg]
E: unklar; in *Vigaun* 1990, 225 als *Dieß-Steg* erklärt (zum Verb mhd. *diezen* 'rauschen', vgl. auch WBÖ 5, 67); die Dialektlautung bestätigt das nicht.
L: *Vigaun* 1990, 225f.

†THURN, Salzburger Ministerialengeschlecht
U: **1285** *Iacobus de Turri* (SUB IV, 155, Z. 4); **1300** *her Iacob von dem Turen* (SUB IV, 261, Z. 37); **1330** *Hertniden*

von dem Turn (SUB IV, 394, Z. 24); **1333** *Hartnied und Hermann von Turren* (HOFMANN, Dotation, MGSL 9, 201); **1497** *Seiner Muemen des michel praunnstain Pfleger zum Turen hausfrauen … … dem michel Prawnstain pfleger zum turen Seinem Swager Vnd Seinr Hausfraun* (DOPPLER, MGSL 16, 340 und 344); **1525** *Walthasarn Turnner Pfleger zu Plain* (DOPPLER, MGSL 10, Misz., 12); **18. Jh.** *Wigulei von Thurn, hofmarschall zu Salzburg* (LEIST, Bauernaufruhr, MGSL 27, 319).
E: *→ Sankt Jakob am Thurn.*
L: ZAISBERGER/SCHLEGEL 182f.

THURNBERG, OBER-, VORDER- , R, G Puch
D: ['tuɐnbɛɐg]
E: → *-berg* mit → *Thurn* (→ *Sankt Jakob am Thurn*).
L: PRINZINGER, MGSL 21, 8; LANG 1998, 370f.

THURNHOF, Hf, G Abtenau (Möselberg)
D: [tuɐn]
U: **1336** *Jordan von dem Turn auz der Aptnaow* (Urkunden Nonnberg, MGSL 36, 15); **1336** *Jordano de Turri* (ib., 17); **1342** *Jordano de turre* (ib., 22).
E: → *-hof* mit mhd. *turn* 'Turm, hohes Gebäude'.
L: GFRERER 1981, II, 439f.

TÖDLHOF, Hf, G Abtenau (Schratten)
D: [te:l]
U: **1325, 1331** *Toetelhof* (GFRERER 1981, II, 314f.; ZILLER 1986, 66).
E: PN *Tatilo* oder *Totilo*, Stamm eines Lallnamens (s. KAUFMANN, *loc.cit.*). Vgl. *Tödtleinsdorf*, HELSON 1, 129.
L: GFRERER 1981, II, 314f.; ZILLER 1986, 66; KAUFMANN 1986, 88, 96.

TORREN, KG, G Golling; **TORRENER BACH**, GewN, G Golling
D: [toˈrɛn]
U: **1139** *silvulam quandam superius Cuchili Torenne* (Ort) *dictam quam disterminant ab utroque latere torrentes duo, unus eiusdem vocabuli Torenne, alter Suarzinbach* (SUB II, 278, Z. 7/8); **1299** *den walt in der Dorenne und die alben* (SUB IV, 248, Z. 12); ca. **1304** *den wald in der Tarenn und die albn* (SUB IV, 272); **1486** *Gut Edt in Torren* (DOPPLER, MGSL 16, 232).
E: lat. *torrens* (*torrentem*) 'wildes Wasser, Gießbach'; der GewN wurde spät (kaum vor dem 11. Jh.) eingedeutscht (Beibehaltung des Akzents auf der 2. Silbe); um das deutlich sichtbar zu machen, sollte der Name mit *-nn* geschrieben werden.
L: ANB 267; SONB 44; STRABERGER 1974, 123; LINDNER 2008, 31; GREULE 2014, 540.

TRATTBERG, BergN (1757 m), Almen (Vorder-, Hintertrattbergalmen), G St. Koloman
D: [ˈdrɔpɛɐg]
U: **1459** *tratenperg* (HHStA, AUR 1459 II 15).

E: → *-berg* mit mhd. *tratte* 'Weide-, Brachland', → *Tratten*.
L: RETTENBACHER 1982, 297ff.

TRATTEN, W, G Puch (Hinterwiestal)
D: [trɔ:dn]
E: mhd. *trat, trat(t)e* 'Viehweide, Brachland' (WBÖ 5, 327ff).

TRUCKENTANN, W, G Adnet (Spumberg); Hf, G Kuchl (Gasteig)
D: ['trukɐdɔ^{n}]
E: mhd. *tanne* 'Tanne' oder *tan(n)* m. '(Tannen-) Wald' mit mhd. *trucken* 'trocken'.
L: *HB Kuchl* 379.

†**TUFAL, TOVAL**, historischer Salzabbau am Gutratsberg (ausgehendes 12. - Mitte 13. Jh.), G Hallein
U: n. **1191** *in salina in loco qui vulgo Toual dicitur* (Kop. 12./13. Jh., SUB II, 651, Z. 30); **1123** (F. ca. 1195/96) *salinam inter fluvios Salzah et Albam inferiorem in montanis Tuûal vulgari nomine* (SUB II, 195, Z. 4); **1197** *salinam quandam que dicitur Toval* (Kop. 13. Jh., SUB II, 703, Z. 28); **1197** *salina Tuual dicta* (SUB II, 702, Z. 23); **1198** *saline in Tvuál* (SUB II, 708, Z. 30); **1198** *in salinis nostris circa locum Tuual* (SUB II, 706, Z. 30); **1198** *in loco qui vocatur Tubal* (SUB II, 711, Z: 26) = (MC 3 nr. 1478); **1199** *de salina nostra in Tuval* (SUB II, 720, Z. 33) = (MC 1, nr. 374); **1250** *Vacarium in Tuval* (MGSL 9, 95 lt. Unpartheyische Abhandlung von dem Staate Salzburg, 1770, 261).
E: lat. *tubus* 'Röhre' mit Suff. *-alis*, mit Substution des roman. *-b-* durch ahd. *-v-, -f-* (wie in → *Rif*).
L: ANB 297f.; SONB 43; KOLLER 1976, 24ff.; LINDNER 2008, 35.

TUFTHOLZ → *Duftholz*

†**TUMBERGER**, FamN, Gollinger Gericht
U: **1407** *vlreich der tumperger ... gesezzen datz Atnat* (DOPPLER, MGSL 13, 31); (vgl. **1421** *Vrbann der Tümbperger die zeit Richter ze Salczburg* [Urkunden Nonnberg, MGSL 37, 192]); **1459** *Jacoben den Jungen Tumperger* (DOPPLER, MGSL 14, 106), *Vlreichen den alten Tumperger* (ib., 106), *Jacoben den alten Tumperger* (ib., 107), *Jacob der Eltär Tumperger* (ib., 107).
E: → *-berg* mit mhd. *tuom* 'Dom'.

TUSCHEN, Hf, G Abtenau (Rigaus)
D: [tuʃn]
U: **1604** *Tuschenhof* (GFRERER 1981, II, 552f.).
E: bair. *Tusche* 'Rübenart' (WBÖ 5, 1191f.; ZILLER 1995, 55) oder mhd. *türse, turse* 'Riese' (als Übername; vgl. auch SCHMELLER 1, 625).
L: GFRERER 1981, II, 552f.

U

†**URBAIß**, FlurN, Hallein
U: **1242** *Heînrico chlevẑer de Salina* (SUB III, 544); **1404** *ain halbs phunt phening ewiger gült auf dem Chlewtzhaus gelegen dacz dem Hällein an der Vrbais* (DOPPLER, MGSL 13, 21); **1407** *ewiger gült auf dem Chlewtzhaus gelegen dacz dem Hallein an der Vrbaiz* (DOPPLER, MGSL 13, 32); **1429** *das gelegen ist zum Hällein in der Stat an der Vrbaiß* (DOPPLER, MGSL 13, 98).
E: frühnhd. *urbeiß* (Tirol) 'Abweidung des Grases' (DWB 11, 3, Sp. 2383; zu *erbeizen*); vermutlich ein Wiesengrundstück, an dem das → *Kleuzhaus* 'Haus eines Daubenmachers' (für die Salzkufen; mhd. *klœzen* 'klieben'; SCHMELLER 1, 1341 *kleuzen*; HELSON 1, 65: *Kletzlberg*) stand.
L: KOLLER 1976, 111.

URBAN, R, G St. Koloman (Taugl)
D: ['uɐwɐn]
U: **1658** *Urban Weiß* (RETTENBACHER 1982, 433), danach der HofN.
E: PN *Urban.*
L: RETTENBACHER 1982, 433.

URSTEIN, W, G Puch
D: ['uɐʃtɔɐ^{n}]
U: n. **1151** *mansus unus cui nomen est Urstan* (Tr, SUB I, 628, Z. 15), *Vrstain* (RGl., ib., Anm. a); **1157-67** *mansum unum nomine Ursten* (Tr, SUB I, 631, Z. 7), *Vrstein* (RGl., ib., Anm. b); **1461** *Lienhart Golser zu Urstein* (DEHIO 306); **1477** *ain gut genannt ze püchel hinten an des giligen gut bey vrstain in glanegker gericht* (DOPPLER, MGSL 15, 128); **1489** *Christan Diether zu vrstain, statrichter zum Hällen* (DOPPLER, MGSL 16, 256); **1502** *Vrstain* (HHStA, AUR 1502 X 15); **1602** *Herren Jacob Fridrich Riz zu Grueb ..., seiner ehelichen Hausfrauen geborene Altmannin von Urstain eheleiblichen 2 Kinder* (WALZ, MGSL 14, Anh. 307); **1633-1867** im Besitz der Fam. *Dückher* (*Düker*) *von Haßlau* (von *Franz von Dückher*, dem Erstbesitzer aus dieser Familie, stammt die *Salzburgische Chronica*, DÜCKHER 1666).
E: mhd. *stein* 'Stein, Burg; typisches Grundwort in Burgennamen' mit Präfix mhd. *ur-* 'anfänglich, ursprünglich' (KLUGE/SEEBOLD 753).
L: ANB 1075 („unklar"); SONB 129; PILLWAX 1874; HHS 401; DEHIO 306f.; ZAISBERGER/SCHLEGEL 183ff.; ZAISBERGER in *Puch* 1998, 331ff.

V

VIGAUN
D: [fiˈgaʊ^{n}]
U: **788-790** *Ad Fuginas* (r. *Figunas*) *ecclesia tantum* (Kop. M. 12. Jh., LOŠEK NA 6, 26); **798-814** *dedit ..., quidquid proprietatis habuit in Vico Romanisco et*

ad Figun (Kop. E. 12. Jh., LOŠEK BN 10,5), *dedit ... in loco dicto Figûn* (ib. BN 14, 10); **1117** *Figûn cum viculis suis* (SUB II, 188, Z. 9); ca. **1144** *Vigune cum viculis suis* (SUB II, 334, Z. 41); **1273** *Figaun* (Urkunden Nonnberg, MGSL 35, 23); **1212/1312** *ámpt von Vigaún* (C 14. Jh., MGSL 23, 49, DOPPLER, Nonnberger Urbar), *ze Vigaûn* (ib., 50, 51, 52); ca. **1334** *vogtay ze Vigavn* (C 2. H. 14. Jh., ib. 102); **1334** *unser vogtay, ... ze Glaͤs und ze Vygaun* (SUB IV, 406, Z. 29); **1334** *Vygaun* (HHStA, AUR 1334 VIII 16); **1335** *advocacias villarum ..., in Glaͤs et in Vigavn* (SUB IV, 412, Z. 28); **1405** *ze Vigawn* (Nonnberger Urbar, DOPPLER, MGSL 23, 51); **1444** *Dyonisen zw Vigawn* (DOPPLER, MGSL 14, 15); **1460** *Sand Dionisen zu Vigawn* (DOPPLER, MGSL 14, 131); **1497** *den zechbröbsten sanndt Dionisien gozhaws...ze vigaun* (DOPPLER, MGSL 16, 336); **1497** *zw Sannd Dyonisien in kuchler pfarr* (DOPPLER, MGSL 16, 343); **1511** *Vigawn* (Urkunden Nonnberg, MGSL 39, 141); **1534** *ze Vygawn* (Urkunden Nonnberg, MGSL 40, 263); **1548** *zu Vigaun* (Urkunden Nonnberg, MGSL 41, 64).
E: lat. *vicus* 'Dorf' mit Augmentativsuffix *-ōne* (vlat. **vicōne* 'Großdorf'); späte Eindeutschung (ca. 11. Jh.): Akzent wird nicht auf die 1. Silbe vorgezogen, lat. *v-* wird durch ahd. *f-* substituiert, *-c-* durch *-g-*, lat. *-o-* > ahd. *û*; vgl. die ähnliche Eindeutschungsform von → *Lidaun* < vlat. **litōne,* HELSON 1, 75.
L: ANB 355; SONB 44; REIFFENSTEIN 1991, 47 u.ö.; 1996, 1002ff.; LINDNER 2008, 31f. – Vgl. auch *Vigaun* 1990.

VOGLAU, D, G Abtenau
D: [fog'laʊ]
U: **1495** *Voglwaid* (SONB 158).
E: → *-au* (*-weide*) mit *vogel.* Nach GFRERER 1981, II, 515f. bürgerte sich der ON für die seit dem späten 19. Jh., vor allem seit den 1970er Jahren stark wachsende Siedlung (Voglauer Möbelwerk, GFRERER 1981, I, 287f.) nach dem Namen des Gasthauses und der Postautostation *Voglau* ein.
L: SONB 158; GFRERER 1981, I, 287; II, 516, 543f.

VOLLERERHOF, R, G Puch
D: [folɐrɐ'ho:f]
U: **14. Jh.** *Volarn* (SLA, U 3, fol. LXIV); **1583** *Thomas Földerer* (SLA, AL 44/1583, fol. 166); **1612** *Volderer Guet* (SLA FU 46).
E: → *-hof* mit mhd. *vole* 'Fohlen'? (unsicher; vgl. → *Vollern*, HELSON 1, 132).
L: LANG 1998, 374.

VORDERLOH, G Kuchl → *Loher*

VOREGG, KG, G Scheffau
D: [fɔɐ'rek]
U: **1389** *vorekk* (HHStA, AUR 1389 IX 21).
E: *-eck* mit mhd. *vorhe* 'Föhre', Föhrenbestand, unmittelbar benachbart *Moosegg.*

W

WAIDACH, KG, D, G Adnet
D: ['waɪdɐx]
E: mhd. *wîde* 'Weide' mit Kollektivsuffix *-ach* 'Weidenbestand'; vgl. → *Waidach*, HELSON 1, 133.

WALCHER, W, G Abtenau (Au)
D: ['wɔɪçɐ]
U: **1792** *Walch Stampf* (GFRERER 1981, II, 222).
E: mhd. *walchen, walken* 'stampfen, schlagen, drehen' z.B. zur Herstellung von Loden in der *Walch Stampf* (SCHMELLER 2, 906f.); vgl. → *Walkner.*
L: GFRERER 1981, II, 222

WALDER, E, G Vigaun (Rengerberg)
D: ['wɔɪdɐ]
U: **1212/1312 [1382]** *ain guet, haist Nidern-Wald* (2x) (C 14. Jh., Nonnberger Urbar, DOPPLER, MGSL 23, 49); ca. **1334** *dacz Wald* (C 2. H. 14. Jh., ib. 102); **1405** *Nidern-Wald* (ib. 49, 51).
E: 'der beim *Wald*'.
L: *Vigaun* 1990, 217.

WALKNER, Hf, G Krispl (Gaißau)
D: ['wɔɪk(h)nɐ]
E: mhd. *walken* 'schlagen, kneten, verfilzen', *walker* 'einer, der gewalktes Tuch (Loden) herstellt'. Vgl. → *Walcher.*
L: ZILLER 1986, 241.

WALLING, Hf, G St. Koloman (ursprgl. → *Brunau*; Oberlangenberg); W, G Scheffau
D: ['wɔ:lɪŋ]
U: **1336** *item an dem Wallenekk ein gůt* (vielleicht zu *Walling*, G Scheffau; SUB IV, 428, Z. 33)
E: junger *-ing*-ON zu *wald* 'bei den Waldleuten'.
L: RETTENBACHER 1982, 444; ZILLER 1986, 241.

WALLINGALM, G Scheffau; **WALLINGHÜTTE**, Alm, G St. Koloman (bei Seewald)
D: ['wɔ:lɪŋ]
E: → *Walling.*

WALLINGWINKEL, KG, G Scheffau (Gegendname)
D: ['wɔ:lɪŋwiŋkhɪ]
E: → *-winkel* mit → *Walling.*

WALLMANN, W, G Adnet (Spumberg); W, G Vigaun (Riedl)
D: ['wɔɪmɐ]
E: '*Waldmann*', 'einer, der im/am Wald lebt'.
L: *Vigaun* 1990, 216.

WALLMANNREIT, R, G Adnet (Spumberg)
D: ['wɔɪmɐraɪt]
E: → *-reit* mit → *Wallmann*, Ausbauhof vom *Wallmann*gut.
L: *Vigaun* 1990, 197 (nicht im OV).

WALPEN, Hf, G St. Koloman; **WALPENHORN**, BergN (754m, Taugl)
D: [wɔɪpm, wɔɪpm'hɛɐndl]
U: **1497** *Lienhart auf der Walpen* (Doppler, MGSL 16, 339); **1742** *Walpenhorn* (Rettenbacher 1982, 432).
E: unklar; Schmeller 2, 907: *Walp, Walpel* 'Walburg, weibl. PN'; Ziller 1995, 210: *Walpei* 'tölpisches Mädchen'.
L: Rettenbacher 1982, 432; Ziller 1982, 117f. (ohne Ergebnis).

WASSGUT, Hf, G Abtenau (Seidegg)
D: [wass]
U: **1331** *filius wassonis*; **1566** *Wolfgang Waß; Wassenhof* (Gfrerer 1981, 594f.)
E: mhd. *was, wasses*; *wahs* 'scharf, schneidend' (Schmeller 2, 839f. [*wachs*], 1019 [*was*]; Ziller 1995, 211, z.B. ein Mann mit groben Sitten); Übername für einen 'Groben, Scharfen'.
L: Gfrerer 1981, 594f.

WEGSCHEID, KG, G Abtenau; D, G St. Koloman (Oberlangenberg)
D: ['wɛ:gʃɔɐd]
E: mhd. *weg(e)scheide* 'Wegscheide, Wegkreuzung'.
L: Gfrerer 1981, II, 576; 586; Rettenbacher 1982, 444.

WEINLEITEN, W, G Vigaun (FlurN), HofN → †*Egerdach*
D: ['waɪ^{n}laɪtn]
E: → *-leite* mit *Wein*; auf dem sonnseitigen Hang wurde im Mittelalter Weinbau betrieben.
L: *Vigaun* 1990, 204.

WEIßENBACH, GewN, l. zur Salzach, G Golling und Kuchl
D: ['waɪssnbɔ:(x)]
U: c. **1240-M. 13. Jh.** *a flumine albo* (C 13. Jh., SUB III, 500, Nr. 948); v. **1233** *de ripa Wizzenbah* (SUB III, 443, Nr. 892); **1325** *Fridel am Weyssenpach* (F. ca. 1470, SUB IV, 354, Z. 33); **1459** *Niclasen am Weyssenpach* (Doppler, MGSL 14, 106).
E: *-bach* mit mhd. *wîz* 'weiß', häufiger BachN, vgl. → *Schwarz(en)bach.*
L: Straberger 1974, 132.

WEIßENBACH, KG, G Kuchl
D: ['waɪssnbɔ:(x)]
U: **991-1023** *in loco Wisinpach* (Kop. glz., SUB I, 208, Z. 20 [Identifikation unsicher]); **1414** *des richter sun ab dem weyspach* (Doppler, MGSL 13, 52); **1439** *Ambtman in dem Weyßenpach* (ib. 122).
E: → *Weißenbach*, GewN.
L: ANB 1106.

WEITENAU, KG, G Scheffau
D: [waɪt'naʊ]
U: **1486** *Wolfganng Aschner aus der weytenau* (Doppler, MGSL 16, 238); *Weitenaw* (HHStA, AUR 1486 III 08); **1489** *Weytenau, zu Aschen* (Pezolt, MGSL 40, 185); **1525** *Aeschen in der Weitau* (Clanner, MGSL 25, 35).

E: → *-au* mit mhd. *wît* 'weit, offen' (was genau zutrifft). Die Weitenau gehörte ursprünglich zur G Abtenau und wurde auf Betreiben der G Scheffau mit Wirkung vom 31.12.1938 der G Scheffau zugeschlagen; vgl. GFRERER 1981, I, 247ff. (mit dem Protokoll der Sitzung über die Abtretung der Weitenau an Scheffau, Voglau 9.12.1938).
L: GFRERER 1981, I, 247ff.

WENG(ER), R, G Kuchl (Weißenbach)
D: ['wɛŋɐ]
U: **1223** *Eberhardus de Wenge* (SUB III, 312, Z. 1); **1292** *Chunrado Wengario* (SUB IV, 201, Z. 29), *Chunrado Wengærio* (SUB IV, 204, Z: 33); **1325** *Iacob Leopolder von Weng* (F. ca. 1470, SUB IV, 355, Z. 2); **1459** *ain Wissen genant Wenngel die yetz Chuntz Dorner innhat* (DOPPLER, MGSL 14, 125); von **1605-1954** Besitzer fast durchgehend mit dem FamN *Wenger* (*HB Kuchl* 367f.).
E: mhd. *weng* 'Wiesenabhang, Leite' mit Zugehörigkeitssuffix *-er.* Im Gegensatz zum Flachgau (vgl. HELSON 1, 149 und 188 [Verzeichnis dort unvollständig; s. hier S. 117]) begegnet das alte Appellativ ahd. *wang, weng* im Tennengau nur vereinzelt.
L: *HB Kuchl* 366f.

WENGLIPPEN, G Kuchl (Georgenberg – Unterlangenberg)
D: ['wɛŋlipm, 'lipaɪ]
E: *-lippen* (PN *Philipp*) mit *weng* 'Leite,Wiese'; vgl. → *Stig(l)lippen.*
L: *HB Kuchl* 323f.; 340 (Dollippengut).

†WIELANTSCHMITTEN → *Schmittenstein*, BergN, G Krispl

WIES, E, G Puch (Hinterwiestal)
D: [wi:s]
E: mhd. *wise* 'Wiese'; ist der Hof namengebend für den *Wiesbach* und das *Wiestal*?

WIESBACH, **-PACH**, †GewN (= → *Almbach*?), Schl, G Hallein
D: ['wi:sbɔx]
U: **1167-1183** *Heinrico de Wispach* (SUB I, 687, Nr. 216); **1167-1183** *Heinricus de Wispach* (SUB I, 700, Nr. 242); **1167-1188** *Heinrich de Wispach* (SUB I, 466, Nr. 390b); **12. Jh.** *Heinricus de Wispach* (Tr Herrenchiemsee 170); **1183-1196** *Rudolfus de Wispach* (SUB I, 716, Z. 7); **1219-1234** *V̊lricus de Wisebach* (SUB I, 746, Nr. 333); **1270** *Vlrico de Wispach* (SUB IV, 484, Z. 28); **1335** *item dez Wispechen hold* (Kammerbuch, SUB IV, 423, Z. 23); **1403** *Conrad Wispeckh* (SPATZENEGGER, MGSL 5, 182); **1482** *Achatius Wispek* (WALZ, MGSL 14, Anh. 469, nach Cust.Rechn. III, 72 u. IV, 13); **1515** *Uxor junioris Wispeck* (WALZ, MGSL 14, Anh. 484, nach Cust. Rechn. V, 61); **1517** *Wispeckyn, nobilis matrona* (ib., nach ib. V, 78); **1709** *Herr Paris Staudacher von Wispach* (SPATZENEGGER, Einzug 1709, MGSL 15, 210).
E: → *-bach* mit mhd. *wise* 'Wiese'; zum PN *Wispeck* (EinwohnerN auf germ. *-bakjo*) vgl. → *Steinböck.*
L: STRABERGER 1974, 134; MOOSLEITNER 1989, 251f.; DEHIO 154; HHS 396; ZAIS-

BERGER/SCHLEGEL 167ff.; LANG 1998, 366.

WIESTAL, Vorder-, KG, G Oberalm; Hinter-, KG, G Puch
D: ['wi:stɔɪ]
U: **1348-c. 1400** *freysatzzones in dem wistal* (SLA Hofurbar, lf. Nr 3, fol. 36); **1405** *aus dem Wistal* (Nonnberger Urbar, DOPPLER, MGSL 23, 48); **1499** *Gorig von Hernstat in dem Wistal* (Urbar, Registrum, SPATZENEGGER, MGSL 9, 65); **1803** *im Wißthal* (HOFMANN, MGSL 9, 198).
E: → *-tal* mit mhd. *wise* 'Wiese' (nach dem → *Wiesbach* oder dem Hof → *Wies*).
L: LANG 1998, 366.

WIETING, G Hallein, am l. Ufer des Almbachs zw. Halleiner Bahnhof und Adneter Riedl
D: ['wi:tɪŋ]
U: **1242** *qui Wîetingen appellabatur vocabulo antiquo nunc vero salina nostra* (SUB III, 540, Z. 3); **1459** *Hanns Wiettinger Burger daselbs* (in Hallein) (DOPPLER, MGSL 14, 106); **1459** *Hannsen Wietinger* (aus Hallein) (ib., 115).
E: Die *Wietinger* waren seit dem 13. Jh. eine bedeutende Halleiner Familie, die aus *Wieting* (slow. *Vetinje*) in Kärnten stammte, wo das Kloster St. Peter Besitz hatte. *Wieting* ist also kein alter Salzburger ON (gegen KOURIL 1950, 428, die *Wieting* zu den alten Salzburger *-ing*-ON rechnet).
L: KRANZMAYER 1958, 245; DOPSCH/SPATZENEGGER 1, 398, 406.

WIMBERG, KG, G Adnet
D: ['wimbɛɐg]
E: → *-berg* mit → *Wimm.*

WIMM, R, G Adnet (Wimberg)
D: [wim]
U: **1350** *Widem*; **1560** *Widm* (U 6; U 53a, nach ZILLER 1986, 250).
E: mhd. *widem(e)* 'Wittum, Brautgabe; Dotierung einer Kirche', sehr häufiger HofN, FamN *Wimmer.*
L: ZILLER 1986, 249f.; HELSON 1, 141.

WILDAU, Hf, G St. Martin (Lammertal, bei Lungötz)
D: [wi:'daʊ]
U: **1241** *beneficia Appenoͮsita ... II beneficia in der willtoͮ* (SUB III, 523, Nr. 974).
E: → *-au* mit mhd. *wilde* mhd. *wilde* 'wild, unbebaut'.

WINDHAG, E, G Adnet (Spumberg); H, G St. Koloman (Oberlangenberg)
D: ['windhɔgɐ]
U: **1393** *Nicla von winthag* (DOPPLER, MGSL 12, 265).
E: mhd. *hac* 'Gebüsch; Einfriedung' mit *wint* 'Wind' = 'Gebüsch, Wald als Schutz gegen den Wind'.

WINKL, D, Schl, G Oberalm (Landwirtschaftliche Schule *Winkelhof*)
D: ['wiŋkhɪ]
E: mhd. *winkel* 'Winkel, abgelegener Platz'.
L: ZAISBERGER/SCHLEGEL 178ff.

WÖRNDL, E, G Krispl
D: [wiɐndl]
E: PN *Wernher, Wernhart*, ein im Salzburgischen seit dem 14. Jh. belegter Hof- und FamN.
L: ZILLER 1986, 252f.

Z

ZAGLAU, E, G Krispl (Gaißau)
D: [tsɔg'laʊ]
E: → *-au* mit mhd. *zagel* 'Schweif, Ende' (der Hof liegt am Ende einer Leite, vor dem Bergwald).
L: HELSON 1, 143.

ZEISHOF, **ZAIS-**, R, G Abtenau (Döllerhof)
D: ['tsɔɐshof]
U: **1325** *Zaißhof* (GFRERER 1981, II, 114).
E: *-hof* mit PN *Zeizheri*; vgl. → *Zaisberg*, HELSON 1, 1343f.
L: GFRERER 1981, II, 114ff.

ZILL, Hf, G Adnet (Spumberg), vgl. → *Hochzill*, G Krispl
D: [tsiːɐ] 'Ziller'
U: **1393** *chunrat datz züllen* (DOPPLER, MGSL 12, 265); **1459** *Casparn Züller* (DOPPLER, MGSL 14, 106); **1560** *Hanns Ziller am Zillergut* (U 53a); **1570** *Cuntz Kormann zu Zill* (Bel. nach ZILLER 1986, 258).
E: mhd. *zil* 'Ziel, Endpunkt, Grenze', vgl. bes. DWB 15, Sp. 1049: 'Markstein, Landmarke als Grenzpunkt', 17. Jh. *die zill und march der finf gerichtsstäb in Pongei* (ST, 194); vgl. noch *Zill* am Dürrnberg unmittelbar an der Staatsgrenze südlich der Barmsteine, auf bayer. Seite das Gasthaus *Zillwirt* (ÖK 93; auf der neuen ÖK 25 V, 3210-West nicht mehr verzeichnet).
L: ZILLER 1986, 258; DWB 15, Sp. 1049.

ZILLREIT, R, Gh, G Adnet
D: [tsiːˈraɪt]
E: *-reit* mit HofN → *Zill*, Ausbausiedlung vom → *Zill*gut.

ZIMMERAU, R, G Annaberg; auf einem Grundstück des *Zimmerau*bauern ist 1752 die Kirche von → *Annaberg* und davon ausgehend die Ortschaft und Pfarre *Annaberg* entstanden.
D: [tsimɐ'raʊ]
U: **1356** *Swaiga dicta Zymmerawe sita in Aptnawe* (Urkunden Nonnberg, MGSL 36, 38), *ain Swaig genant Zimmeraw, glegen in der Aptnaw* (ib., Übersetzung 15. Jh.); **1450** *Czymmeraw gelegen in der Abbtenaw* (Urkunden Nonnberg, MGSL 38, 206); **1458** *Guet genannt Czimeraw daz gelegen ist In der Apptenaw* (Urkunden Nonnberg, MGSL 38, 220); **1544** *das Gut Zimmerau* (Urkunden Nonnberg, MGSL 41, 59).
E: → *-au* mit mhd. *zim(b)er* '(Bau)holz' (Platz von Sägewerken).
L: GFRERER 1989, 223ff.

ZIMMERECK, R, G St. Koloman; FlurN (Waldgebiet); BergN (1136 m)
D: [tsimɐ'rek]
E: → *-eck* mit mhd. *zim(b)er* 'Bauholz' = Nutzwald.
L: ZILLER 1982, 121.

ZINKEN, **HOHER**, BergN (1764 m), an der Grenze der G Abtenau/St. Gilgen, → HELSON 1, 145; **ZINKENKOPF**, BergN (1337 m), G Hallein, an der Grenze zu Schellenberg, Bayern
D: [tsiŋk(h)ŋ]
E: mhd. *zinke* 'Zinke, Spitze'; HELSON 1, 145.

ZINKENBACH, -ALM, G Abtenau (Seidegg)
D: ['tsiŋk(h)ŋbɔ:x]
E: Bach, der am Hohen → *Zinken* entspringt
L: STRABERGER 1974, 138.

ZISTERBERG, Alm, G Krispl (Gaißau)
D: ['tsistɐbɛɐg]
U: **1245** *super alpem Cyssenperge* (SUB III, 607, Z. 29).
E: lat.-roman. *cistula/cistella*, Dim. von lat. *cista* 'Korb', vgl. → *Zistel* am Gaisberg, HELSON 1, 146; die *Zisterbergalm* liegt am Ende der Gaißau in einem korbähnlichen Talschluss.
L: KLEIN 1946/47, 67f.; ZILLER 1982, 122; HELSON 1, 146.

ZWIESELALM, Alm, G Abtenau (Hallseiten)
D: ['tsvislɔım]
E: mhd. *zwisel* 'Gabel, Verzweigung'.
L: ZILLER 1982, 122.

Wiederkehrende ON-Grundwörter und -Suffixe

Zu den in der Folge behandelten Grundwörtern und Suffixen vgl. insbesondere WIESINGER 1994, 72ff.; zu den Patroziniumsnamen (auf *Sankt*) vgl. ib., 95ff.

1. Grundwörter

-alm, ahd. *alba,* mhd. *albe* 'Alm (Alpe), hochgelegener Weideplatz'.

-au, ahd. *ouwa*, mhd. *ouwe* 'Au, feuchtes Gelände; Insel'.

-bach, ahd. *bah*, mhd. *bach* 'Bach, kleiner Wasserlauf'.

-berg, ahd. mhd. *berg* 'Berg, (kleine oder große) Erhebung'.

-brunn, ahd. *prunno*, mhd. *brunne* 'Quelle, Wasserlauf, Brunnen'.

-dorf, ahd. mhd. *dorf* 'Gehöft, Landgut, ländliche Siedlung, Dorf'. ***L:*** WIESINGER 1994, 107ff.

-ed, -edt → *-öd.*

-egg, -eck, ahd. *egga*, mhd. *ecke* 'Ecke, Kante, Winkel, Berggipfel'.
L: WIESINGER 1994, 128; WBÖ 5, 1288

-feld, ahd. *feld*, mhd. *velt, -des* 'ebenes, offenes Land, (bebautes) Feld'.

-haus(en), ahd. *hûs*, mhd. *hûs* 'Haus, Wohnung, Siedlung', *hûsen* (Dat. Pl.; *-er*-Pl. *hûsir* ist jünger). ***L:*** WIESINGER 1994, 83ff.

-hof(en), ahd. mhd. *hof* 'Hof, ländliches Anwesen, Wohnsitz'. ***L:*** WIESINGER 1994, 85ff.

-holz, ahd., mhd. *holz* 'Gehölz, Wald'.

-hub, ahd., mhd. *huoba, huobe* 'Stück Land, Hube; Siedlung'.

-leite, ahd. *lîta,* mhd. *lîte* 'Leite, Abhang'.

-meier, ahd. *meior, meier* (lat. *maior*) 'Verwalter, Vorsteher eines Gutes, Verwalter, Eigentümer eines großen Bauernhofes'.

-moos, ahd. mhd. *mos* 'Moor, Sumpf'.

-öd, -ed(t), ahd. *ôdi*, mhd. *œde* ‘Einöde, alleinstehender Hof, Wohnsitz’. ***L:*** WIESINGER 1994, 128ff.

-peunt, -point, ahd. *biunta*, mhd. *biunte* ‘Peunt(e); eingefriedetes Stück Land, Weide’. ***L:*** EWAhd 2, 135ff.

-reut, -reit, -roid, ahd. *riuti/riut*, mhd. *riute/riut* ‘Rodung, gerodeter Platz’. Es steht nebeneinander eine *-ja*-Ableitung *riuti* mit umgelautetem *iu* (*iü*) und eine nichtumgelautete Ableitung *riut.* Das umgelautete *iü* [ü:] wurde zu *äu* diphthongiert und zu *ei* [ai] entrundet, was zu *-reit* führte (so ausnahmslos im Tennengau). ***L:*** WIESINGER 1994, 118ff.

-schwand, mhd. *swant, -des* (m.), mhd. *swenda* (f.), mhd. *geswende* (n.) ‘Rodung, Schwendung‘, Verbalabstrakt zu *swenden* ‘roden, (wörtl.) schwinden machen’. ***L:*** WIESINGER 1994, 124ff.

-see, ahd. mhd. *sê* ‘See’.

-sengen, mhd. *sengen* ‘durch Feuer roden’, wörtlich *singen machen*; Kollektiv *Gesenge, Gseng* ‘Brandrodung’.

-statt, -stätt(en), ahd. mhd. *stat*, Gen. Dat. Sg. *stete* ‘Platz, Ort, Stelle’. ***L:*** WIESINGER 1994, 88ff.

-tal, ahd. mhd. *tal* ‘Tal, Einsenkung’.

-winkel, ahd. *winkil*, mhd. *winkel* ‘Winkel, abgeschiedener Platz’.

2. Suffixe

-ach, ahd. *-ahi*, Kollektivsuffix, das eine ‘größere Anzahl, einen Bestand’ (z.B. einer bestimmten Baum-, Staudenart) anzeigt. Gelegentlich konnte später auslautendes *-t* angefügt werden, wie z.B. in → *Eichet* (vgl. *Dickicht, Kehricht* u.a.).

-er als Zugehörigkeitssuffix in Namenspaaren wie → *Archner* neben *Archen, Bachrainer* neben *Bachrain*, *Buchner* neben *Buche*, *Einperger* neben *Einperg*, *Fagerer* neben *Fager* usw. (immer mask.), sehr häufig bei HofN zur Bezeichnung des Bauern (neben dem HofN ohne *-er*), sie können aber auch als HofN verwendet werden. Das Suffix hat nichts zu tun mit *-er* für Nomina agentis (*Lehrer, Schneider, Träger* usw., < mhd. *-œre*, lat. *-arius*), sondern geht letztlich auf germ. *-warja* zur Bildung von Völkernamen zurück (z.B. *Boiowari* ‘Baiern’). ***L:*** HENZEN 1965, 163f.; FLEISCHER/BARZ 1992, 154f.

BIBLIOGRAPHIE

ANB
Altdeutsches Namenbuch, bearb. von ISOLDE HAUSNER und ELISABETH SCHUSTER (2 Bde.: 1.-16. Lfg.; Beih. 1). Wien 1989-2015.

HHStA, AUR
Österr. Staatsarchiv, Abt. Haus-, Hof- und Staatsarchiv, Allgemeine Urkundenreihe.

AV-Karte
Alpenvereinskarte 13: 1:25.000 Tennengebirge. 2012; 14a: 1:10.000 Gosaukamm, 1976.

AWB
Althochdeutsches Wörterbuch. Berlin 1968ff.

BERGERMAYER 2005
ANGELA BERGERMAYER, *Glossar der Etyma der eingedeutschten Namen slavischer Herkunft in Niederösterreich* (Österr. Akademie der Wiss., Phil.-Hist. Kl., Schriften der Balkan-Kommission 44). Wien 2005.

BN
Breves Notitiae → LOŠEK 1990.

BNF
Beiträge zur Namenforschung, Neue Folge.

BONF
Blätter für oberdeutsche Namenforschung.

BRETTENTHALER 1978
JOSEF BRETTENTHALER (Hrsg.), *Oberalm. Ein Salzburger Markt einst und jetzt.* Oberalm: Marktgemeinde 1978.

BWB
Bayerisches Wörterbuch, hrsg. von der Kommission für Mundartforschung der Bayerischen Akademie der Wissenschaften. München 2002ff. (Bayerisch-Österreichisches Wörterbuch: II. Bayern).

DEHIO
Dehio-Handbuch: Die Kunstdenkmäler Österreichs. Salzburg, Stadt und Land. Bearbeitet von BERND EULER, RONALD GOBIET, HORST R. HUBER, ROSWITHA JUFFINGER. Wien 1986.

DONB
Manfred Niemeyer (Hrsg.), *Deutsches Ortsnamenbuch*. Berlin/Boston 2012.

Doppler 1870, 1872-1876
Adam Doppler, Die ältesten Original-Urkunden des fe. Consistorial-Archives zu Salzburg, in: *MGSL* 10, S. 12-16 (vgl. HELSON 1, 152f.)

Doppler 1883
Adam Doppler/W. Hauthaler, Nonnberger Urkunden, in: *MGSL* 23 (1883), S. 41-144.

Dopsch/Spatzenegger
Heinz Dopsch / Hans Spatzenegger (Hrsg.), *Geschichte Salzburgs, Stadt und Land.* 2 Bde. in 8 Tln. Salzburg 1981-1991.

Dückher 1666
Franz Dückher von Hasslau zun Winckl, *Saltzburgische Chronica* (1666). Faks.-Nachdruck Graz 1979.

DWB
Jacob und Wilhelm Grimm, *Deutsches Wörterbuch.* 16 Bde. (in 32). Leipzig 1854-1961. Quellenverzeichnis 1971 (Nachdruck bei dtv 1984).

Erl. z. Histor. Atlas I/1, 1917
Erläuterungen zum Historischen Atlas der österr. Alpenländer, I. Abt. Die Landgerichtskarte, 1. Teil: Salzburg, Oberösterreich, Steiermark. Wien 1917 (Salzburg bearb. von Eduard Richter, neu bearb. von Anton Mell).

EWAhd
Albert R. Lloyd / Otto Springer / Rosemarie Lühr et al., *Etymologisches Wörterbuch des Althochdeutschen.* Göttingen 1988ff.

Finsterwalder 1978
Karl Finsterwalder, *Tiroler Namenkunde. Sprach- und Kulturgeschichte von Personen-, Familien- und Hofnamen* (Innsbrucker Beiträge zur Kulturwissenschaft, Germanist. Reihe, 4. Bd.). Innsbruck 1978.

Finsterwalder 1990-1995
Karl Finsterwalder, *Tiroler Ortsnamenkunde. Gesammelte Aufsätze und Arbeiten.* 3 Bde. (Schlern-Schriften 285-287). Innsbruck 1990-1995.

Fleischer/Barz 1992
Wolfgang Fleischer/Irmhild Barz, *Wortbildung der deutschen Gegenwrtssprache.* Tübingen 1992.

Georgenberg 2014
Christian Mitterbauer, *Der Georgenberg*. Museum Kuchl 2014.

Gfrerer 1981
Hans Gfrerer, *Abtenau*. 2 Bde, Abtenau o.J. (1981-1982).

Gfrerer 1989
Hans Gfrerer, *Annaberg*. Eine Chronik der Gemeinde. Annaberg 1989.

Göll 2011
Christian Mitterbauer, *Der Göll*. Museum Kuchl 2011.

Golling 1991
Robert Hoffmann, Erich Urbanek (Hrsg.): *Golling. Geschichte einer Salzburger Marktgemeinde*. Golling 1991.

Greinz, MGSL 52; 53
Christian Greinz, Die Urkunden des Stadtpfarrarchives in Hallein, in: *MGSL* 52 (1912), S. 101-160; 53 (1913), S. 39-68, 121-192.

Greule 2014
Albrecht Greule, *Deutsches Gewässernamenbuch. Etymologie der Gewässernamen und der dazugehörigen Gebiets-, Siedlungs- und Flurnamen*. Berlin 2014.

von Grienberger 1886
Theodor von Grienberger, *Über romanische Ortsnamen in Salzburg*. Salzburg 1886.

von Grienberger 1887
Theodor von Grienberger, *Steubiana. Eine Untersuchung der etymologischen Gewissenhaftigkeit des „berühmten" Namendeuters Dr. Ludwig Steub*. Salzburg 1887.

Hackel 1925
Heinrich Hackel, *Führer durch das Tennengebirge. Mit einem Beitrag von J. Loidl über Bergnamen*. Wien 1925.

Hallein 1980
750 Jahre Stadt Hallein 1230–1980. Festschrift. Hallein: Stadtgemeinde 1980.

HB Kuchl
Heimatbuch Kuchl. Kuchl o.J. (1980).

HELSON 1
Ingo Reiffenstein / Thomas Lindner, *Historisch-Etymologisches Lexikon der Salzburger Ortsnamen (HELSON), Band 1 – Stadt Salzburg und Flachgau*. Salzburg 2015.

HENZEN 1965
WALTER HENZEN, *Deutsche Wortbildung*. 3. Aufl., Tübingen 1965 (Sammlg kz. Grammatiken germ. Dial., B, 5).

HHS
Handbuch der historischen Stätten. Österreich, 2. Bd.: *Alpenländer mit Südtirol.,* hrsg. von FRANZ HUTER (Kröners Taschenausgabe 279). Stuttgart (2. Aufl.) 1978.

HÖRBURGER 1982 → SONB

HÜBNER 1796
LORENZ HÜBNER, *Beschreibung des Erzstiftes und Reichsfürstenthums Salzburg in Hinsicht auf Topographie und Statistik.* 3 Bde. Salzburg 1796.

KAUFMANN 1968
ERNST FÖRSTEMANN, *Altdeutsche Personennamen.* Ergänzungsband von HENNING KAUFMANN. München 1968.

KERMAUNER 1990
SUSI KERMAUNER (Hrsg.), *St. Jakob am Thurn. Chronik eines Dorfes*. Puch 1990.

KLEIN 1946/47
HERBERT KLEIN, Wieland-Schmiede, in: *MGSL* 86/87 (1946/47), S. 65-71.

KLEIN 1961
HERBERT KLEIN, Der Fundort des „Mannes im Salz", in: *MGSL* 101 (1961), S. 139-141.

KLEIN 1965
HERBERT KLEIN, *Beiträge zur Siedlungs-, Verfassungs- und Wirtschaftsgeschichte von Salzburg.* Festschrift zum 65. Geburtstag (MGSL, 5. Ergbd.). Salzburg 1965.

KLEIN 1967
HERBERT KLEIN, Gols und Muntigl, zwei romanische Geländeformbezeichnungen, in: *MGSL* 107 (1967), S. 49-55.

KLUGE/SEEBOLD
FRIEDRICH KLUGE, *Etymologisches Wörterbuch der deutschen Sprache.* 22. Aufl., neu bearb. von Elmar Seebold. Berlin 1989.

KOLLER 1976
FRITZ KOLLER, Hallein im frühen und hohen Mittelalter, in: *MGSL* 116 (1976), S. 1-116.

KOURIL 1950
IRMTRAUT KOURIL, *Die echten -ing-Namen in Oberösterreich, Salzburg, Tirol und Vorarlberg*. Diss. masch. Wien 1950.

KRANZMAYER 1956
EBERHARD KRANZMAYER, *Historische Lautgeographie des gesamtbairischen Dialektraumes*. Wien 1956 (Österr. Akademie der Wissenschaften).

KRANZMAYER 1958
EBERHARD KRANZMAYER, *Ortsnamenbuch von Kärnten*. Klagenfurt 1958.

KRETSCHMER 1990
FRANZ KRETSCHMER (Hrsg.): *Heimatbuch Adnet. 1. Bd. Marmor aus Adnet.* Adnet: Gemeinde Adnet 2. Aufl., 1990. [1. Aufl. 1986]

LANG 1998
JOHANNES LANG, Siedlung-, Flur- und Hofnamen [von Puch], in: *Puch* 1998, S. 363-374 (Anmerkungen S. 733f.).

LINDNER 1995
THOMAS LINDNER, Salzburger Ortsnamen und die Sprachwissenschaft, in: *Festschrift Ortsnamenforschung. 20 Jahre Salzburger Ortsnamenkommission.* Salzburg 1995 (SIR-Schriftenreihe 14), S. 103-107.

LINDNER 2002
THOMAS LINDNER, Die ältesten Salzburger Ortsnamen: ein etymologisches Glossar, in: PETER ANREITER / PETER ERNST / ISOLDE HAUSNER (Hrsg.), *Namen, Sprachen und Kulturen. Imena, Jeziki in Kulture. Festschrift für Heinz Dieter Pohl zum 60. Geburtstag.* Wien 2002, S. 539-553.

LINDNER 2008
THOMAS LINDNER, Die lateinisch-romanischen Ortsnamen in Salzburg. Ein etymologisches Glossar, in: *Österreichische Namenforschung* 37/3 (2008), S. 21-52.

LOCHNER VON HÜTTENBACH 2015
FRITZ LOCHNER VON HÜTTENBACH, *Lexikon steirischer Ortsnamen von A - Z*, 2 Bde., Graz 2015.

LOŠEK 1990
FRITZ LOŠEK, Notitia Arnonis und Breves Notitiae. Die Salzburger Güterverzeichnisse aus der Zeit um 800: Sprachlich-historische Einführung, Text und Übersetzung, in: *MGSL* 130 (1990), S. 5-192.

MARTIN Arch.
FRANZ MARTIN, *Salzburger Archivberichte. Veröffentlichungen aus dem Reichsgauarchiv Salzburg*, 1944.

MARTIN Reg.
Die Regesten der Erzbischöfe und des Domkapitels von Salzburg 1247-1343, bearb. von FRANZ MARTIN. 3 Bde. Salzburg 1928-1934.

MGH
Monumenta Germaniae Historica.

MGSL
Mitteilungen der Gesellschaft für Salzburger Landeskunde. Salzburg 1861ff. [in *U:* zit. ohne Jahreszahl, 1 = 1861, 100 = 1960].

MOOSLEITNER 1989
FRITZ MOOSLEITNER unter Mitwirkung von FRITZ KOLLER, LINDE MOLDAN, ANTON PUTTINGER, CHRISTA SVOBODA, FRIEDERIKE ZAISBERGER und KURT ZELLER, *Hallein – Portrait einer Kleinstadt.* Hallein 1989.

MÜLLER 1995
GUIDO MÜLLER, Neue Erkenntnisse über den Ursprung des Namens „Tennengau", in: *Festschrift Ortsnamenforschung. 20 Jahre Salzburger Ortsnamenkommission.* Salzburg 1995 (SIR-Schriftenreihe 14), S. 155-159.

MÜLLER 2007
Guido Müller, Über Ursprung und Ausbreitung des Namens „Tennengau", in: MGSL 147 (2007), S. 227-232.

NA
Notitia Arnonis → LOŠEK 1990.

OBOÖ
Ortsnamenbuch des Landes Oberösterreich, hrsg. von PETER WIESINGER. Wien: Verlag der Österreichischen Akademie der Wissenschaften 1989ff.

ÖK25V
Österreichische Karte 1:25000V, Vergrößerung der ÖK 1:50000, hrsg. vom Bundesamt für Eich- und Vermssungswesen, 2012.

ÖK 50
Österreichische Karte 1:50000, hrsg. vom Bundesamt für Eich- und Vermessungswesen, Ausgabe 1975.

ÖNf
Österreichische Namenforschung (Zeitschrift).

OU
Originalurkunden im Salzburger Landesarchiv, unpubliziert (1124-1538).

OV
Ortsverzeichnis 1981 Salzburg, bearbeitet im Österreichischen Statistischen Zentralamt. Wien 1985.

PFEIFER, EWb.
WOLFGANG PFEIFER, *Etymologisches Wörterbuch des Deutschen*. 2. Aufl., Berlin 1993.

PRINZINGER 1881
AUGUST PRINZINGER d.Ä., Die Eisenbahn und die alten Verkehrswege, in: *MGSL* 21 (1881), S. 1–23.

PRINZINGER 1888
AUGUST PRINZINGER d. J., Über einige Heidenwege. Der sog. Heidenweg am Gute Hochschaufel, in: *MGSL* 28 (1888), S. 179f.

Puch 1998
GERHARD AMMERER (Hrsg.), *Puch bei Hallein*. Puch 1998.

Raitenhasl. UB
EDGAR KRAUSEN, *Die Urkunden des Klosters Raitenhaslach 1034-1350*. München 1959.

REIFFENSTEIN 1955
INGO REIFFENSTEIN, *Salzburgische Dialektgeographie. Die südmittelbairischen Mundarten zwischen Inn und Enns* (Beiträge zur deutschen Philologie 4). Gießen 1955.

REIFFENSTEIN 1963
INGO REIFFENSTEIN, Quecke. Lautgeographische Studien zum Deutschen Wortatlas, in: LUDWIG ERICH SCHMITT (Hrsg.): *Deutsche Wortforschung in europäischen Bezügen*, 2. Bd. Gießen 1963, S. 317-346.

REIFFENSTEIN 1991a
INGO REIFFENSTEIN, Vom Sprachgrenzland zum Binnenland. Romanen, Baiern und Slawen im frühmittelalterlichen Salzburg, in: *Zeitschrift für Literatur und Linguistik* 21 (H. 83, 1991), S. 40-64.

REIFFENSTEIN 1991b
INGO REIFFENSTEIN, Romanen, Slawen und Baiern im Pongau, in: *ÖNf* 19 (1991), S. 57-65.

REIFFENSTEIN 1996
INGO REIFFENSTEIN, Namen im Sprachaustausch: Romanische Relikte im Salzburger Becken, in: *Namenforschung*, 2. Bd. (HSK 11, 2), Berlin 1996, Sp. 997-1006.

REIFFENSTEIN 2003
INGO REIFFENSTEIN, Aspekte einer Sprachgeschichte des Bayerisch-Österreichischen bis zum Beginn der frühen Neuzeit. In: *Sprachgeschichte* (HSK 2), 2. Aufl. 2003, Sp. 2889-2942

Reiffenstein 2004
Ingo Reiffenstein, Hallein – *salina nostra*. Zur Semantik des Diminutivs, in: *Entstehung des Deutschen.* Festschrift für Heinrich Tiefenbach. Heidelberg 2004, S. 367-381.

Reiffenstein 2007
Ingo Reiffenstein, Bairische Ortsnamen [des Flachgaues und des Rupertiwinkels], in: Hannes Scheutz (Hrsg.): *Drent und herent. Dialekte im salzburgisch-bayerischen Grenzgebiet.* Euregio Salzburg – Berchtesgadener Land – Traunstein 2007, S. 119–138.

Reiffenstein 2013
Ingo Reiffenstein, *Gau*-Namen in Salzburg, in: *vindaerinne wunderbaerer maere.* Gedenkschrift für Ute Schwab (Stud. Med. Sept. 24). Wien 2013, S. 411-421.

Reiffenstein 2014
Ingo Reiffenstein, Berg und Tal in den Ortsnamen des Salzburger Flachgaues, in: Gerhard Rampl / Katharina Zipser / Manfred Kienpointner (Hrsg.), *In Fontibus Veritas. Festschrift für Peter Anreiter zum 60. Geburtstag.* Innsbruck 2014, S. 491-499.

von Reitzenstein 1991
Wolf-Armin von Reitzenstein, Siedlungsnamen, Flurnamen und Lehennamen im Land Berchtesgaden, in: Walter Brugger, Heinz Dopsch, Peter F. Kramml (Hrsg.), *Geschichte von Berchtesgaden,* Bd. 1, Berchtesgaden 1991, S. 85-152.

von Reitzenstein 2006
Wolf-Armin von Reitzenstein, *Lexikon bayerischer Ortsnamen. Herkunft und Bedeutung. Oberbayern, Niederbayern, Oberpfalz.* München 2006.

von Reitzenstein 2016
Wolf-Armin von Reitzenstein, Die Namen von Alpenpässen, in: *Blätter für oberdeutsche Namenforschung* 53 (2016), S. 3-41.

Rettenbacher 1982
August und Barbara Rettenbacher, *Chronik von St. Koloman in der Taugl.* St. Koloman o.J. (1982).

Rußbach 1983
80 Jahre Gemeinde Rußbach. Gemeinde Rußbach 1983.

Schatz, *Tir. Wb.*
Josef Schatz, *Wörterbuch der Tiroler Mundarten* (Schlern-Schriften 119/120). Innsbruck 1955-1956.

SCHMELLER
JOHANN ANDREAS SCHMELLER, *Bayerisches Wörterbuch,* 2 Bde. 2. Aufl. bearb. von G. KARL FROMMANN. München 1872-1877.

SCHUSTER 1989-1994
ELISABETH SCHUSTER, *Die Etymologie der niederösterreichischen Ortsnamen* (Historisches Ortsnamenbuch von Niederösterreich, Reihe B), 3 Bde. Wien 1989–1994.

SONB
FRANZ HÖRBURGER, *Salzburger Ortsnamenbuch* (MGSL, 9. Ergbd.). Unter Mitwirkung von STEFAN ADAMSKI, NORBERT HEGER und MANFRED STRABERGER bearbeitet von INGO REIFFENSTEIN und LEOPOLD ZILLER. Salzburg 1982.

ST
Die salzburgischen Taidinge, bearb. von HEINRICH SIEGEL und KARL TOMASCHEK (Österreichische Weistümer, Bd. 1). Wien 1870.

STEINHAUSER 1948/49
WALTER STEINHAUSER, Vom Irchelbach zum Mörtlbach, in: *MGSL* 88/89 (1948/49), S. 81-86.

STEUB 1881
LUDWIG STEUB, *Die romanischen Ortsnamen im Lande Salzburg*, in: *MGSL* 21 (1881), S. 98-101.

STRABERGER 1974
MANFRED STRABERGER, *Das Flußgebiet der Salzach* (Hydronymia Germaniae A.9). Wiesbaden: Steiner 1974.

SUB
Salzburger Urlundenbuch, Bd. I–IV, bearb. von WILLIBALD HAUTHALER und FRANZ MARTIN, Salzburg 1910–1930.

UDOLPH 2014
JÜRGEN UDOLPH, *Die Ortsnamen Hall, Halle, Hallein, Hallstatt und das Salz.* Bielefeld 2014.

Vigaun 1990
MICHAEL NEUREITER / MICHAEL STEINBERGER / ALOIS TONWEBER (Red.): *Vigaun.* Von Natur, Kultur und Kur. Hrsg. von der Gemeinde Vigaun. Vigaun 1990.

WATTECK 1976
NORA WATTECK, Der Fagerstein bei der Wilhelmskapelle und seine Bedeutung, in: *MGSL* 116 (1976), S. 159-174.

WBÖ
Wörterbuch der bairischen Mundarten in Österreich (Bayerisch-Österreichisches Wörterbuch: I. Österreich). Hrsg. von der Kommission für Mundartkunde und Namenforschung (und Nachfolgeeinrichtungen) der Österreichischen Akademie der Wissenschaften. Wien 1970ff.

von Zahn 1893
Joseph von Zahn, *Ortsnamenbuch der Steiermark im Mittelalter*. Wien 1893.

Zaisberger/Schlegel
Friederike Zaisberger / Walter Schlegel, *Burgen und Schlösser in Salzburg. 2 Flachgau und Tennengau*. Wien 1992.

Ziller 1982
Leopold Ziller, Die Bergnamen des Flachgaus und des Tennengaus, in: *MGSL* 122 (1982), S. 71-123.

Ziller 1986
Leopold Ziller, *Die Salzburger Familiennamen. Ihre Entstehung, Herkunft und Bedeutung* (MGSL, 11. Ergbd.). Salzburg 1986.

Ziller 1995
Leopold Ziller, *Was nicht im Duden steht. Ein Salzburger Mundart-Wörterbuch* (MGSL, 7. Ergbd.). 2. Aufl. Salzburg 1995 (1. Aufl. 1979).

Zillner 1878
Franz Valentin Zillner, Brand, Schwant, Maiß und Reut. Salzburgische Orts- und Güternamen, aus Urbarien gesammelt, in: *MGSL* 18 (1878), S. 248-258.

1. Gemeindeindex

Kallersberg
Karrer
Krispl
Lasser
Loimer
Looswald, -wand
Mörtlbach
Neureit
Oberanger
Ois
Pfannreit
Pilgrub
Premm
Reit, Reut
Reut
Restfeicht
Schmittenstein
Schnaitstadl
Schönau
Schorn
Seikmann
Spielberg
Walkner
†Wielantschmitten
Wörndl
Zaglau
Zisterberg

Kuchl, Marktgem.
Asten
†Burgleiten
David
Doser
Dürrfeichtenalm
Eliesen
Feichtenbauer
Gallengut
Gurnei
Gasteig
Georgenberg
Grifterer
Großkarl
Gschwandt
Haigermooser
Hellweng
†Hirter
Hochschaufler
Hof
Jadorf
Karlgut
Kellau
Kellbauer
Köberl
Kuchl
Kühberger
Langenberg, Unter-
Leis
Leiten
Lengries
Loher
Lunzen
Mayerhofer
Moos
Oberholz
Pernhaupt
Pfenningpoint
Pichlgut, -hof
Planitschen
Reut
Reitwiesengut
Renger
Rußegg
Schaufel
Schorn
Schrambach
Schwalb (Küh-)
Schwalber
Seeleiten
Speckleiten
Stadler
Staudach
Staudinger
Stiglippen
Stockach
Strubau
Tauglmaut
Truckentann
Vorderloh
Weißenbach
Weng(er)
Wenglippen

Oberalm, Marktgem.
Anzenau
Gols
Guglheide
Haslau
Haunsperg
Kalsberg
Lahngang
Oberalm
Rettenstein
Wiestal
Winkl

Puch, G
David
Filind
Gasteig
Gimpl
Gols
Kainzreit
Pichl
Prähausen
Puch
Risol
St. Jakob am Thurn

Scharten
Schopper
Siller
Thurnberg
Tratten
Urstein
Vollererhof
Wi
Wiestal

Rußbach, G
Elendgraben
Erlbach
Gschütt, Pass
Gseng
Neffhof
Prainieß
Randobach
Rußbach
Rußegg
Schattau
Strubegg

Sankt Koloman, G
Aschach, Unterascher
Bergalm
Bergersreit
Bichl
Branterer
Brückl
Brücklreit
Brunau
David
Dürlstein
Egg
Eibl
Fager
First, Hoher
Frunstberg
Gitschenwand
Grubach(wirt)
Gugelan
Kasbach
Lahngang
Langenberg, Ober-
Lanz
Lunz
Mühlgrub
Neureit
Obergraben
Pernegg
Premleiten
Putzenbauer
Ramaigraben
Regenspitz
Reit
Rohrmoos
Sankt Koloman
Sattelalm
Schallhof
Schlenksteinalm
Schwalber
Steiner
Storchenalm
Strub
Taugl
Tauglboden
Trattberg
Urban
Walling
Wallingalm
Walpen
Wegscheid
Windhag
Zimmereck

Scheffau, G
Aschengut
Bachbauer
Bachlunzen
Bachrainer
Bähmel
Baumgartner
Bernhof
Brandstatt
Buchegg
Dürn
Engelhardt
Etz
Fürspanner
Grillseiten
Haarberg
Hasenbichl
Hochreith
Lammeröfen
†Lammerstegen
Lengries
Pichler
Ramsauer
Rossberg
Scheffau
Scheiblingkogel
Schlenggen
Schönau
Schönleiten
Schwalber
Schwarzenbach
Schwer
Seebach
Siller
Stadler
Voregg
Walling
Wallingwinkel
Weitenau

2. Hydronyme

2.1. Index fließender Gewässer

2.2. Index stehender Gewässer

3. Oronyme (Bergnamen)

Taborberg
Trattberg
Walpenhorn
Zimmereck
Zinken, Hoher
Zinkenkopf

4. Morphologisch-namentypologischer Index

4.1. Vordeutsche Namen

Vorrömische (kelto-romanische) Namen

Adnet
Alm
Bluntau
Kuchl
Gitschen

Romanische Namen

Alpigl
Cuudicus
†Flatschengut
Gamp
Garnei
Gols
Götschen
Gugelan
Guglheide (?)
Kasbach (?)
Kendl
Kuchl
Planitschen
Ramaigraben
†Reuschen
Rif
Rigaus
Risol?
Torren
Tufal
Vigaun
Zisterberg

Slawische Namen

Golling, Göll
Jadorf
Lungötz
Radoch

4.2. Deutsche Namen

Suffixbildungen

***-ach**-Namen* (Kollektivsuffix ahd. *-ahi*)

Aschach
Egerdach
Grubach
Hasler (?)
Staudach
Stockach
Storach
Waidach

***-er**-Namen* (Kollektivsuffix *-er*)

Ahauser
Angerer
Arler
Ascher
Auer
Bachrainer
Baumgartner
Branterer
Brunner
Buchner
Bürger (?)
Doser
Erlauer
Gassner
Gerer
Grifterer
Haigermoser
Hasler (?)
Hochschaufler
Kühberger
Lacher
Lammerer
Loher (?)
Mayerhofer
Pichler
Pommer
Ramsauer
Russegger
Schwalber
Stadler
Staudinger
Steiner
Thannhauser
Tumberger
Walder
Wenger

Komposita
(Verzeichnis nach den Grundwörtern)

***-au**-Namen*

Abtenau
Astau
Anzenau
Aschau
Au
Bluntau
Brandau

Brunau
Dornau
Erlauer
Faistelau
Formau
Gaißau
Haslau
Hirschau
Kainau
Kellau
Klockau
Oberhasler
Ofenau
Ramsau
Schattau
Scheffau
Schönau
Sommerau
Strubau
Voglau
Weitenau
Wildau
Zaglau
Zimmerau
Au als Simplex und Bestimmungswort:
Au
Aubach
Aubauer
Auer
Auwinkl

***-bach**-Namen* (ohne reine GewN)
Arzbach
Erlbach
†Feichtenbach
Fischbach
Kasbach
Klabach + GewN
Labach
†Mühlbach → Hallein
Lienbach, Liem- + GewN
Neubach + GewN
Rußbach + GewN
Sallabach
Schwarzenbach + GewN
Weißenbach + GewN
Wiesbach + GewN
-bach in GewN (keine ON)
Almbach
†Ättlerbach
Aubach
Karrerbach
Randobach
Schrambach
Bach als Bestimmungswort:
Bachbauer
Bachlunzen
Bachrainer

***-berg**-Namen* (ohne Bergnamen)
Annaberg
†Arnoldsberg
Arzberg
Dürrnberg
Einberg
†Freudenberg
Haarberg
Hallberg
Kalsberg
Kühberg
†Lindberg
Quehenberg
Radochsberg
Rengerberg
†Riedelsberg
Rossberg
Schmitzberg
Spumberg
†Steinberg
Strubberg
Tanzberg
†Teuffenberg
Thurnberg
†Tumberger
Wimberg

***-bichl/-pichl**-Namen*
†Apichl
Bichl
Hasenbichl
Pichl, Pichler

***Brückl**-Namen*
(nur als Bestimungswort)
Brückl
Brücklpoint
Brücklreit

***Brunn**-Namen*
(nur als Bestimungswort)
Brunau
Brunn
(Maria-)Brunneck
Brunner

***-dorf**-Namen*
Jadorf
Dornerdörfel

***Ed(t)-/öd**-Namen*
Edt(gut)
Großedt

-egg*-Namen*
Buchegg
Brunneck
Pernegg
Russegger
Strubbergseck
Strubegg
Zimmereck

-feld*-Namen*
Erlfeld
Feldl
Lengfelden
Salfelden

-gau-*Namen*
Obergäu
Tennengau
Thalgau

-haus*-Namen*
Ahauser
†Hozhauser
Leitenhaus
†Pfaffenhausen
Pfannhaus
†Steinhaus
Thannhauser

-hof*-Namen*
Bärhof
†Baumhofen
Bernhof
Braunötzhof
Distlhof
Döllererhof
Flichtlhof
Gfatterhof
Heimhof
Hof
Kehlhof
Kirchhof
Mayerhofer
Neffhof
Pichlhof
Rehhof(siedlung)
Samhof
Schallhof
Schörghofer
Schweighof
Steghof
†Tägnischhof
Thurnhof
Tödelhof
Vollererhof
Zeishof
Hof als Bestimmungswort
Hofstatt
Hofstet

Holz als Bestimmungswort
Holzhauser
Holztratten

-hub*-Namen*
Lasterhub

-leiten*-Namen*
†Burgleiten
Gschwandleiten
Leiten
Premleiten
Schönleiten
Speckleiten
Weinleiten
Leiten als Bestimmungswort
Leitenhaus

-meier*-Namen*
Jägermaier
Meier als Bestimmungswort
†Mayerlehen
Mayerhofer

-moos*-Namen*
†Freimoos
Haigermoos
Moos
Rohrmoos

-point-/-peunt*-Namen*
Brücklpoint
Haarpoint
Kesselpeunt
†Kreuzpoint
Pfenningpoint
†Steinpeunt

-reitt-/-reut*-Namen*
†Arckenreut
Bergersreit
Brandreut
Brücklreit
Fischbachreit
Hermannsreit
Hochreit
Kainzreit
Neureit
Pfannreit
Reit, Reut
Reitl
†Reitwiesengut
Wallmannsreit
Zillreit

***-schwend**-Name*
Gschwandt
Gschwandtleiten

***-seng**-Namen*
Gseng

***-see**-Namen*
Egelsee, -alm
Seewaldsee
See als Bestimmungswort
Seebach
Seeleiten
Seetratten
Seewald, -see

***-statt**-Namen*
Brandstatt
Hofstatt
†Gstetten
†Haichstetten
Stetten

***-tal**-Namen*
†Kuchltal
Lammertal
Lindental
Wiestal

***-winkel**-Namen*
Auwinkel
(Tennerwinkel
→ Schlenkstein)
Winkl

Abkürzungs- und Symbolverzeichnis

Adj. = Adjektiv
AES = Archiv des Erzbistums Salzburg
Agh = Alpengasthaus
ahd. = althochdeutsch (8.–11. Jh.)
AlmN = Almname
BergN = Bergname
Bel. = Beleg(e)
BW = Bestimmungswort (erster Bestandteil eines Kompositums)
BzN = Beiträge zur Namenforschung
C = Kopie, Abschrift
D = Dorf (geschlossener Ort mit zehn oder mehr Gebäuden)
D: = dialektale (mundartliche) Aussprache
Dat. = Dativ
Dim. = Diminutiv, Verkleinerungsform
E = Einzelhof, Einzelhaus, Einöde, Einschicht (ein oder zwei benachbarte Gebäude)
E: = Etymologie
EB = Erzbistum; auch: Erzbischof
F – Fälschung
FamN = Familienname
fem. = femininum
FlN = Flussname
FlurN = Flurname
frnhd. = frühneuhochdeutsch
G = Gemeinde
Gen. = Genetiv/Genitiv
G(ew)N = Gewässername
GW = Grundwort (zweiter Bestandteil eines Kompositums)
glz. = gleichzeitig
Hf = Hof
Hgr = Häusergruppe
HofN = Hofname
hsl. = handschriftlich
ib. = ibidem, ebenda
Ins. = Insert, Einschub
IPA = internationales phonetisches Alphabet
Jh = Jagdhaus
Jh. = Jahrhundert
Ki = Kirche, Kapelle
kelt. = keltisch
Kf. = Kurzform
Koll.-Suff. = Kollektivsuffix
Komp. = Kompositum, (Wort-)Zusammensetzung
kontr. = kontrahiert
L: = Literatur
lgbd. = langobardisch
loc.cit. = *loco citato,* am angegebenen Ort
mask. = maskulinum
mdal. = mundartlich
Mh = Meierhof, Gutshof
mhd. = mittelhochdeutsch (12.–14. Jh.)
Mü = Mühle
n. = nach
nhd. = neuhochdeutsch
Nom. = Nominativ
nw. = nordwestlich
ö. = östlich
Obb. = Oberbayern
ÖK (50) = Österreich-Karte (1:50.000)
ON = Ortsname(n)
Or. = Original
OU = Originalurkunde
OV = Ortsverzeichnis
PB = politischer Bezirk
Pl. = Plural
PN = Personenname
Präp. = Präposition
R = Rotte (Gebäude in lockerer Anordnung ohne Rücksicht auf die Zahl)
r. = rechts, r.z. = rechts zur
Rgl = Randglosse
rom. = romanisch
Ru = Ruine
s. = südlich
schw. F. = schwaches Femininum
Sdlg = Siedlung
Sg. = Singular

SLA = Salzburger Landesarchiv

sö. = südöstlich

Stmk. = Steiermark

st. N. = starkes Nomen

StraßenN = Straßenname

Stt = Stadtteil

Tr. = Traditio(nes), Tradition(en)

U = Urbar

U: = urkundlicher Belegteil

UB = Urkundenbuch

undat. = undatiert

urgerm. = urgermanisch

Var. = Variante

verbr. = verbreitet

vlat. = vulgärlateinisch

voreinzelspr.-alteurop. = voreinzelsprachlich -alteuropäisch (d.h. urindogermanisch)

W = Weiler (drei bis neun Gebäude in engerer Lage)

ZONf = Zeitschrift für Ortsnamenforschung

ZH = Zerstreute Häuser (Gebäude, die über ein großes Gebiet verstreut liegen ohne Rücksicht auf deren Anzahl)

* nicht belegte, sprachwissenschaftlich erschlossene (rekonstruierte) Form

° Abkürzungszeichen

† abgekommener Name

→ verweist auf andere ON-Artikel bzw. unter ***E:*** auf mehrfach vorkommende Grundwörter, vgl. deren Verzeichnis

[...] Dialektlautung (phonetische Transkription nach IPA)

<...> Schreibformen (graphemische Umschriften)

'...' Semantik, Bedeutungsangabe

Ingo Reiffenstein und Thomas Lindner

Historisch-Etymologisches Lexikon der Salzburger Ortsnamen (HELSON)
Band 1 – Stadt Salzburg und Flachgau

Titelbild: Urbar 375, Salzburger Landesarchiv (SLA)
Gestaltung: Volker Toth
Karte Flachgau: Werner Hölzl
Druck: Theiss, St. Stefan

ISBN 978-3-902932-30-3

KORREKTUREN

zu HELSON 1

S. 54, HIRSCHPOINT, *E:* Bestimmungswort ist nicht *Hirsch* (mhd. *hirz,* vgl. *Hirzbachalm* in Fusch/Glocknerstr., den BergN *Hirzer*), sondern mhd. *hirse* 'Hirse' (von Reitzenstein in der Rez. BONF 53, 2016, 253).

S. 95, PFENNINGLANDEN, *E:* mhd. *land* (Dat. Pl.) mit mhd. *phenich* 'Hirseart' (lat. *panicum*) = 'Land mit Phenich', vgl. → *Haberlander.* Vgl. *Pfennigsham*, PB Ried im Innkreis, OÖ.
L: ANB 92; OBOÖ 2, 131f. (beide zu *Pfennigsham*); WBÖ 3, 47 (*Pfenich, -ing*).

S. 184f., *-ing*-Namen, ergänze:

Anthering
Reinberg (ein *-ing*-ON, vgl. S. 102)

S. 185, *-ach-Kompositum,* ergänze:

Moosach
Salzach

S. 186, *-berg-* *Kompositum*, streiche:

Reinberg (s. *ing*-Namen!)

S. 188, *-wang- / -weng-*Namen, neu:

Elsenwang (Vorder-)
Fischweng
Hallwang
Pabenwang
Pinswag
Quenget
Rappenwang
Spanswag
Wang
Wankham
Weng
Wiedweng

Ingo Reiffenstein

Emeritierter Professor für germanistische Linguistik an der Universität Salzburg, Mitglied der Österreichischen und der Bayerischen Akademie der Wissenschaften; langjähriges Mitglied (Obmann) der Kommissionen für das Wörterbuch der bairischen Mundarten in Österreich bzw. des Bayerischen Wörterbuches.

Arbeitsgebiete: Historische Sprachwissenschaft, vornehmlich Sprachgeschichte des bayerisch-österreichischen Raumes, Dialektologie, Ortsnamenkunde.